JN083073

中国人・朝鮮人強制連行
木曽谷発電工事の真相

高堂 眞一

MP ミヤオビパブリッシング

はじめに

この著は、木曽谷発電工事での中国人・朝鮮人の強制連行について記したものである。着工順に三浦発電所工事、常盤発電所、御岳発電所、上松発電所工事の順に見ていく。これらの工事では、日本発送電株式会社（略称：日発）が発注者で、間組、飛島組、鹿島組、熊谷組、大成土木が元請である。

事業所毎に、章を分けた。間組では中国人の大隊長殺人事件がおき、死亡者も異常に多い。飛島組では中国人の怠業が起きた。鹿島組では、木曽谷未遂事件が発生するとともに、中国人に大量の眼性疾患が発生した。大倉土木による強制労働についても記した。第8章では、強制連行に対する日本の責任について記した。

現地踏査と文献探索をしていると、全国にたくさんの研究者がおられ、たくさんの研究書が出ていることを知った。目から鱗が落ちた。しかし、長野県木曽谷（南木曽町、大桑村、上松町、木曽町、王滝村、木祖村）の中国人・朝鮮人強制連行の歴史は、本格的研究が図書になっていないことを知った。そこで長野県木曽谷の中国人・朝鮮人強制連行をまとめることにした。先人が幾多の研究をなされていることを顧みず、浅薄な研究をまとめたことをお許し願いたい。

調査をすすめるなかで、王滝中学校の1982年度社会科クラブの研究に出会った。素晴らしい研究であり、現物が木曽町図書館に所蔵されていた。所蔵されていたこと自体が素晴らしい。木曽町図書

王滝中学校社会科クラブ『王滝における中国人・朝鮮人の強制連行』

館と、顧問の白木正先生、樋口幸子さん、今井綾乃さん、織畑由美子さんに、敬意を表したい。

　上松中学校の 1988 年度郷土クラブの「平和を求めて『木曽谷における中国人強制労働の実態』」は、『上松町誌 / 566 頁』に掲載されている。長野県の教育水準の高さを証明している。

目　次

凡　例：

1. 各国の暦は西暦を使用した。
2. 引用文の旧漢字・旧仮名遣いは現代漢字・仮名遣いに、カタカナ
   表記はひらがな表記に変えた。
3. 中国人・朝鮮人の氏名、地名は初出の際にルビを振った。
4. 差別的な表記について、そのまま引用した箇所がある。
5. ……は中略を示す。
6. 『二戦擄日中国労工口述史（日訳：第2次世界大戦における日本捕
   虜となった中国労働者の証言史)』の訳は筆者による。

第1章　木曽谷発電工事での強制連行

（1）日本政府による強制連行の否定

　中国人・朝鮮人の日本への強制連行について、菅政府は2021年4月27日、従軍慰安婦と強制連行に関わる閣議決定を行った。日本維新の会が提出した質問主意書に対し、当時の文献や法令などを根拠に「従軍慰安婦」を「慰安婦」、日本の植民地だった朝鮮半島からの強制連行は「徴用」や「動員」とするのが適切との答弁書を閣議決定した。そしてこれを政府の統一見解とした。

　そのため、既に検定に合格していた高校と中学の教科書計44点について、教科書会社8社が同年9～12月に訂正申請を出した。出さないと教科書検定に合格せず、商売上多大な不利益を受ける。教科書会社は訂正申請を出さざるを得ない。

　例えば高等学校「歴史総合」の教科書を見る。『新選歴史総合』（東京書籍）の場合、127頁で「朝鮮では、……強制的な動員を含めて約70万人が日本本土に連れてこられ労働力とされた」と本文外の囲み記事「植民地や占領地での総動員体制と抵抗運動」で述べている。

　また『現代の歴史総合：みる・読みとく・考える』（山川出版社）の場合、134頁の本文外の「13・日本本土に在住する朝鮮人口の推移」という棒グラフ囲み記事の説明文で、「1939年以降、政府の動員のために、朝鮮人が日本本土に強制的に動員されて働かされた」とある。

　さらに2022年6月20日の「群馬県民の森慰霊碑」の最高裁控訴棄却に関し、竹内康人氏は「強制連行という言葉は1939年から1945年までの日本政府による労務動員計画を説明する言葉であり、歴史説明の用語……、強制連行という言葉を政治的発言とみなし、それ（強制連行）を言うことが間違っているかのようなイメージが作られることが問題。……群馬だけの問題ではなく、日本の認識の問題である」と憂慮を表明した。［韓国聯合ニュース／2022年6月20日21時10分送信］

　朝鮮人の「徴用」は 1944 年 9 月からのものでしかないという主張もある [「『徴用工』問題とは何か / 波多野 / 51 頁]。これでは 1939 年 9 月からの「自由募集」、1942 年 2 月からの「官斡旋」の強制性が伝わらない。

　例を見よう。

　住友鉱業は、第 1 次～第 3 次分として、北海道の主要 15 炭鉱へ全羅南北道、慶尚南北道、忠清南北道、京畿道から 5,890 名の朝鮮人を募集することを許可された。この場合、表向きでは「募集は募集取締り規則に基づく各社の募集従業員による募集ということになって居るが、実務は前記事由に依り朝鮮官権によって各道各面に於いて強制供出する手筈になって居る、即ち警察に於て割当数を必ず集める、これを各社の募集従業者が選考することになって居る」とされていた。募集は事実上の官斡旋であり、強制連行の第 1 段階であった。[半島人移入雇用に関する件 / 住友鉱業内部資料 / 1939 年 9 月 22 日 / 朴慶植編『戦時強制連行』：労務管理政策；1 / 298 ～ 299 頁]

　その上、中国人強制連行を隠蔽している。日本は、俘虜の待遇に関する条約（1929 年 7 月 27 日）に署名したものの、枢密院、軍部が「帝国軍人の観念よりすれば俘虜たることは予期せざるに反し、外国軍人の観念においては必ずしも然らず。従って本条約は形式は相互的なるも実質上は我方のみ義務を負う片務的なものなり」[官房機密第 1984 号の 3] として批准しなかった。その理由は 1882 年の軍人勅諭で「死は鴻毛（おおとりの羽毛―引用者註）よりも軽しと覚悟せよ。その操を破りて不覚を取り汚名を受くるなかれ」とし、日本軍は捕虜になることを潔しとしなかったことにある。

　従っていわゆるジュネーヴ条約 4 条約のうちの一つ「俘虜の待遇に関する条約」の条約未締結国の日本が、1942 年 11 月以降に中国人を強制連行して来ている事は、紛れもない事実である。敗戦後の東京裁判において、検察側「俘虜に関する最終論告」は、太平洋戦争（正しくはアジア太平洋戦争―引用者註）勃発後の中国での残虐行為について

は言及していない。……捕虜問題で主な議論対象となっていたのは、「白人」の連合国軍捕虜であった。……判決書の捕虜問題は詳細かつ峻厳であった。弁護側（日本当局側）の主張は完全に否定されることになった。……しかし、検察官と判事を送り込んだ中国とフィリピンでさえ、判決書で軽視される傾向にあった」［東京裁判研究／143〜159頁］のであった。

　では、日本の強制連行について東京裁判での検察側証拠を見る。田中隆吉（元陸軍省兵務局長）は、「田中について」（1946年3月18日）と題するメモを検察側に提供している。このメモには1942年5月の局長会議で、東条英機（1941年10月18日内閣総理大臣、同日陸軍大臣兼対満事務局総裁を留任）が、「彼ら（近く日本に到着する予定の捕虜—引用者註）には強制労働をさせるべきである。日本の力を示すためには、朝鮮、台湾、支那（ママ）に捕虜収容所を設置し、強制労働をさせることが絶対に必要である。労働力不足のこの時期に捕虜を働かせれば、一挙両得である」と記されている［同書／140頁］。

　1939年9月からの朝鮮人の自由連行でも強制的であった。甘言、暴力での連行は、人の自由意思をおさえつけ、無理に連れて行くことである。

　同じく例を見よう。

　まず、甘言の例：

・呉良沫（ウラス）：全羅南道麗水突山面（リョスドルサンミョン）出身。

　1941年12月16日に麗水の役場から軍隊の訓練所に行けという呼び出しが来た。朝鮮人が憲兵を案内して来た。島の若い者ばかり（20歳前後くらいの）70人から80人くらいはいた。自分自身は18歳だった。

　1ヶ月間軍事訓練を受けて帰れるというので、内心日本見学ができるくらいの軽い気持ちだった。麗（リョ）⇔関連絡船で下関に着いた。船に

は一般の日本人もいたような記憶がある。上陸までの引率は日本人と朝鮮人 1 人ずつだった。［朝鮮人強制連行調査の記録：中部・東海編 / 267 頁］

　次いで、暴力の例：

• 尹萬徳^{ユンマンドク}：慶尚北道金泉郡^{グムチョングン}出身。

　私の本名は萬徳だが連れてこられたときに萬順^{マンスン}になった。1940 年 6 月、23 歳の時、結婚して半年ぐらいたったある日のことであった。晩の 11 時頃、日本人と朝鮮人の手先 4 人が土足で部屋に上がり込み、そのまま連行された。

　城山郡^{ソンサングン}の事務所に行ったが、約 50 人の青年たちがすでに集められていた。金海^{キメ}から釜山^{ブサン}、そして船に乗せられて門司港へ着いた。私たちが連れていかれたのは、福岡県遠賀郡中間町^{なかま}（現中間市）の炭鉱であった。［同書 / 240 頁］

　要するに、暴力、甘言が介在している。もちろん威力、権力で人の自由意思をおさえつけ、無理に連行することを含んでいる。

（2）中国人・朝鮮人の強制連行

　国家総動員法が 1938 年 5 月 5 日施行され、国家の全ての人的、物的資源を政府が統制運用できると規定した。つまり戦前の日本は、この日以降、閣議決定でなんでもできるものとされた。その趣旨で行動したのが、安倍・菅・岸田政権である。戦前への回帰（新しい戦前）である。

朝鮮人強制連行

　図 1-1 は、敗戦までの朝鮮人の日本「内地」への移動の経緯である。

　強制連行の時期は、1939 年 9 月からの「自由募集」、1942 年 2 月か

らの「官斡旋」、1944年9月からの「徴用」と区分される。[朝鮮人強制連行／52・112・188頁]

1939年度から突如「内地」への移動が増え、9月から1945年8月の「内地」朝鮮人の増加の内、各年度平均7.8％が強制連行である。

全国の朝鮮人強制連行の実態は、竹内康人『戦時朝鮮人強制労働調査資料集：1・2』が良く分かる。

職業紹介法は、[職業紹介法関連法規／18頁]にあるように、「内地」以外には施行されなかった。つまり朝鮮での職業紹介は、主に府、邑、面を通じた「斡旋」であり、1934年10月、政府は「朝鮮人移住対策の件」を閣議決定した。朝鮮からの日本「内地」への移動を極力阻止、抑制する意図のものである。「内地」への渡航証明書発給申請の大量却下によって実現された。しかし1934年10月から年々増加した。労務動員計画ではない個別の朝鮮人の「内地」への来航（「縁故渡航」という）は、完全に禁止されなかった。渡航証明書を得られれば良い。渡航証明書を持たない朝鮮人が「内地」に向かう場合は、「密航」となる。[朝鮮人強制連行／40〜46頁]

図1-1 敗戦までの朝鮮人の日本への移動の経緯

年	日本移入人口	前年度比増減	前年度比
1923	80,415		
1924	118,152	37,737	146.9%
1925	129,870	11,748	109.9%
1926	143,798	13,928	110.7%
1927	165,286	21,438	114.9%
1928	258,012	92,726	156.1%
1929	275,206	17,194	106.7%
1930	298,091	22,855	108.3%
1931	311,247	13,156	125.5%
1932	390,543	79,296	125.5%
1933	456,217	65,674	116.8%
1934	537,695	81,478	117.9%
1935	625,678	87,983	116.4%
1936	690,501	64,823	110.4%
1937	735,689	45,188	106.5%
1938	799,878	64,189	108.7%
1939	961,591	161,713	120.2%
1940	1,190,444	228,853	123.8%
1941	1,469,230	278,786	123.4%
1942	1,625,054	155,824	110.6%
1943	1,882,456	257,402	115.8%
1944	1,936,843	54,387	102.9%
1945	1,155,594	−781,249	59.7%
1946	647,006	−508,588	56.0%
1947	597,561	−49,445	92.4%
1948	544,903	−52,658	91.2%
1949	560,700	15,797	102.9%
1950	535,065	−25,635	95.4%

　1938 年 5 月の国家総動員法施行により、1939 年度労務動員計画から「移住朝鮮人」が計上された。「自由募集」と呼ばれる方法である。つまり府、邑、面を通じた「斡旋」である。

　しかし冒頭の住友鉱業の例が示すように「自由募集」方式の時期から強制性がある。官斡旋に至っては、府、邑、面という朝鮮人社会の末端まで警察と日本業者が介入し、人を連れ出すから強制である。

　例を見よう。

　南鮮では各道の道庁に常磐炭鉱から何名ほしいからよこせと行く。と、道庁ではどこの郡に一番遊んでいるかを知っているので郡に行く。郡から又村（面ということです）に夫夫お前の所から何名というように命令する。すると面長さんは大概日本人なんです。すると、面長は責任を以て強制的に何月何日までにその人数をかりたてるのです。その家の長男であろうが何が構わない。それでこちらから日本の募集の書類を持っていくと絶対です。募集係はそれを引率するだけです。[朝鮮人戦時労働動員 / 61 頁]

　「徴用」は言うまでもなく強制である。

　1939 年 9 月から 1945 年 8 月の「内地」朝鮮人の増加の内、各年度平均 7・8％が強制連行である。もちろん自由渡航の往来はあったとしても、この「内地」入国数は、朝鮮人強制連行の事実を明らかにしている。そもそも日本は、「内地」という用語を用い、アイヌシモリ（北海道・サハリン・クリルなどの北方）[アイヌ通史 / 64 頁]・琉球・台湾省・朝鮮を差別する。朝鮮人は 1944 年に、日本「内地」へ約 200 万人移住している。

　その要因は、

　第 1 に、朝鮮農村の窮乏化に伴う離農者の増加である。1930 年前後の米価高騰による農家収支悪化、租税負担の増加。1924、28、32、35 年の旱魃による離農である。

凡例
○ 省都
● 日本軍の俘虜収容所(一部)
▓ 塘沽協定(1933年)による非武装地域
□ 日本傀儡政権の支配域

察哈爾省
綏遠省
呼和浩特◎
張家口◎
熱河省
承徳◎
遼寧省
瀋陽◎
北平◎
保定◎
石家荘◎
天津◎
塘沽●
塘沽協定線
非武装地帯
太原◎
山西省
河北省
陝西省
済南◎
山東省
青島◎
洛陽◎
鄭州
河南省
西安◎
安徽省
江蘇省
南京◎
上海●

図1-2 中国抗日戦争期華北7省など(筆者作成)

　第2に、日本「内地」企業側の低賃金労働者の要請である。

　主たる航路は慶尚南道釜山 ⇒ 下関、全羅南道麗水 ⇒ 下関、済州島 ⇒ 大阪である。従って朝鮮人の出身地分布は朝鮮半島南部に偏っている。1938年統計では慶尚南道が37.5％、は慶尚北道が23.1％、済州島を含む全羅南道が20.6％、全羅北道が6.1％であり、87.3％に及ぶ。［在日朝鮮人の世界 / 鄭栄桓 / 178 〜 180頁 / 趙景達『植民地朝鮮』所収］

中国人強制連行

　華北における日本の侵略を考えねばらない。1938 年 1 月 16 日の第 1 次近衛声明で、近衛文麿は「爾後国民政府を対手とせず」としたことに始まる。日本は中国での交渉相手を失った。日本は、日本の傀儡政権をつくらねばならなくなった。これを「華北分離政策」という。

　そこで地図で説明する：

① 遼寧省は 1932 年 2 月 5 日までに、省南端の山海関まで日本に占領された。熱河省は 1933 年 5 月 31 日の塘沽協定で日本の侵略が認められ、河北省北部に非武装地帯が定められた。

② 1935 年 9 月 24 日、華北駐屯軍（在 天津）司令官となった多田駿は、西から綏遠省、察哈爾省、陝西省の北部、山西省、河北省、河南省の北部、山東省の地域を、日本の自治推進地域とした。

③ 1935 年 11 月 25 日、「自治」という名目で「奉天」特務機関（スパイ組織のこと―引用者註）長土肥原賢二は、長城以南に偽冀（偽は日本の傀儡団体。以下同じ。冀は河北省の略称―引用者註）東防共委員会（12 月 25 日に偽自治政府と改称）を設置した。

④ 1937 年 11 月 22 日、日本は、察哈爾省に偽蒙疆聯合委員会を設立した。

⑤ 1940 年 3 月 30 日に、日本は汪兆銘に偽南京国民政府をつくらせ、上海 ⇔ 南京間と青島 ⇔ 済南の鉄道周辺を支配領域とした。1938 年 2 月 1 日より偽冀東自治政府は偽南京国民政府に合流した。つまり華北 7 省は、第 2 次国共合作下の八路軍、閻錫山などの軍隊と日本軍との競合地域となった。

⑥ 城鎮 1 つ 1 つが取り合いとなった。日本軍はいわゆる三光政策（殺し尽くし、焼き尽くし、奪い尽くす＝殺光、焼光、搶光）政策を用いた。［華北の万人坑と中国人強制連行／127 頁］

　しかし、アジア太平洋戦争の敗戦後、日本は軍民合わせて約 680 万人が海外におり［海外引揚の研究／34 頁］、敗戦段階で陸軍 308 万 5,000人、海軍 44 万 9,000 人が内地外に留置されていた［戦時体制から戦後

社会の再編へ / 138 頁]。ざっと 353 万 4,000 人の男子労働力を兵員という形で出国させ、国内での労働力を失っていた。ために 1942 年 8 月のミッドウェー海戦敗北後の 11 月 9 日、『華人労働者内地移入に関する件』を閣議決定し、試験移入を行った。

　1943 年 2 月の日本のガダルカナル戦敗戦がアジア太平洋戦争の転換点である。劣勢に立った日本は、同年 12 月徴兵年齢を 19 歳に引き下げる。いよいよ国内の労働力が不足してくる。翌 1944 年 2 月 28 日『華人労務者内地移入の促進に関する件』の次官会議決定で中国人の移入が決定された。閣議・次官会議いずれの会議にも岸信介が商工大臣・商工次官として参加していることは興味深い。従って、三光政策は、俘虜確保に転換させられている。

　中国人の強制連行は 1943 年 4 月〜 11 月の試験移入で 1,200 名であった。1944 年 3 月〜 1945 年 5 月の本格移入は総計 38,935 名であった。船中死亡 564 名、事業場到着前死亡 248 名合計 812 名（全体の 2.1％、50 人に 1 人）が死亡している。木曽谷発電工事等の土木建築業に 15,253 名が配置された。

　『華人労務者内地移入の促進に関する件』(1944 年 2 月 28 日次官会議決定) の「第一通則の 1」で、「大使館現地軍並に偽南京国民政府が供出したもの」を「行政」といい、「通則の 2」で「訓練せる元俘虜又は元帰順兵」の「訓練中のもの」を「訓練生」と言った。[中国人強制連行資料 / 143 頁]。

　中国人強制連行に関与した俘虜供出機関の「華北労工協会」「偽南京国民政府機関」等は日本の傀儡団体である。

　訓練地「石門」は 1939 年 3 月保定につくられ、8 月に石家荘に移動された「俘虜収容所」のことである。[中国人強制連行 / 67 頁]他に済南、太原、(北京の)西苑、塘沽、洛陽、上海、がある [何天義編著『日軍侵華戦俘管理総論 (日訳：中国における日本人俘虜収容所に関する総論)』に

詳しい]。例えば日本は上海から主に港湾労働者（苦力）を俘虜として徴用している。

（3）御岳発電所工事

大同電力は、1920年の変更願による水路を更に変更し、1939年計画（1939年細尾村長覚書）……によると「王滝第2～第4水力は、西野川水力とともに各水利地点を統合し、大島（藪原）に発電所を設けることになった。……これにより、王滝川右岸に計画されていた第2水力は左岸水路とされ、すべての支流からも取水し、（王滝）村が計画段階から反対していた左岸水路の建設を進めようとするものであった。……　しかし、大同電力は当初の計画を繰り返し変更し、最後まで御

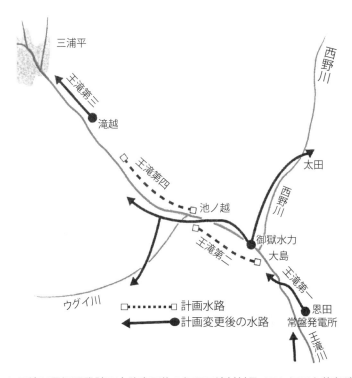

図1-3 王滝川電源開発計画水路変更後の細尾王滝村村長メモに河川を著者が加筆

嶽発電所建設計画の全貌を（王滝）村に知らせないまま、王滝川本流だけでなく支流の水までくまなく発電に利用する工事が行われることになった」[同書／179〜181頁]。

　では、以下に王滝村との約束を反故にした日本発送電の作業実態を考える。

御岳発電所作業の工事請負分担

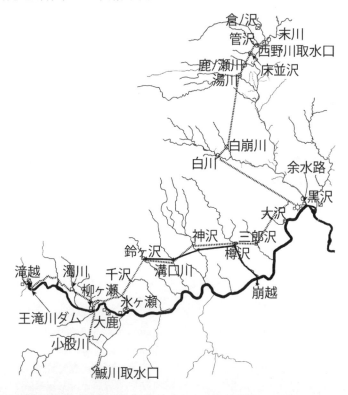

図1-4　御岳発電所の概念図（筆者作成）**。ただし、当時、牧尾ダムは存在しないので、王滝村全村図**[1951年4月20日発行、『村誌王瀧』／189頁により、旧河川を記した]**。点線は導水路。**
※☒は中国人飯場、□は朝鮮人飯場
※○は熊谷組の採掘口で、朝鮮人飯場を倉の沢、黒沢に置き、順次掘鑿させている。
※崩越 ⇔ 鈴ヶ沢の実線は、空中索道。

　日本発送電の請負土木建築業社は、西から間組、飛島組、鹿島組、熊谷組の4社である。千沢以西が間組で、⊠（中国人）、□（朝鮮人）の各飯場の位置である。御岳摩利支天を源頭とする西川から、西野川取水口および末川の部分の熊谷組である。熊谷組は、常盤水路建設時の黒沢飯場と、西野川取水口のさらに上部の倉本北の沢に飯場を持っている。西川、西野川の支流には、遂次、小隊を送り隧道を掘鑿したと思われる。

　御岳山は火山であり主たる地層は火山岩と火山灰である（木曽町三岳露頭剥ぎ取り標本）。白い部分が火山灰層である。他の黒か赤っぽい軽石をスコリアという［長野県の火山入門／52頁］。

　全工区の中で間組が担当した第Ⅱ工区の2号隧道（詳細不明―引用者註）が最もひどかった。いくら掘っても翌日になると塞がってしまい、あたかも底の抜けた杓で水を汲むようなものであった。間組工事掛主任心得の中村精は難工事について、「御岳

図1-5　木曽町三岳露頭剥ぎ取り標本

の発電所の時に灰山で非常に苦労したんですよ、火山灰、水が出てね。自分も隧道の中に入って、帰ってくればもう隧道が埋まってしまって、手で穴掘ってそれで出て来た。命がけでやったんですよ。……しかし、こうした稀に見る難工事に直接従事したのは、中国から『俘虜』として強制連行された中国人と、やはり強制連行されてきた中国人であった」［間組百年史／712頁］。図1-6の学徒動員生徒の法被は恐らく鹿島組。子どもたちの後ろで鉄棒を持って立っている人物が現場監督。全員地下足袋、脚絆である。

図1-6 旧制長野中学（現諏訪青陵高校）の御岳発電所への学徒動員
（典拠：『霊川の流れは永遠に』口絵より）

（4）御岳発電工事と中国人・朝鮮人強制労働

木曽谷における朝鮮人強制労働

　厚生省勤労局「朝鮮人労務者に関する調査」長野県分と、中央協和会「移入朝鮮人労務者状況調」とを見る。この史料が第1次史料と言われる。竹内康人著『戦時朝鮮人強制労働調査資料集：1』は、御岳発電所の朝鮮人の御岳発電工事の死亡者は11名としている［197頁］。しかし、こんなことはあり得ない。

　協和会は、「朝鮮人管理のための組織である。……自主的な朝鮮人の活動を抑圧しつつ組み込み、そのもとで生活習慣の同化や日本語の教授、日本国家への忠誠を尽くすべきことの教化等が実施されるようになった。……指導の中心に当たったのは警察官」である。［朝鮮人強制連行／51頁］

　表による御岳発電工事に強制連行された総損失は逃亡者、死亡者の合計である。34.3％は総計との割合である。［朝鮮人強制連行調査の記録：中部・東海編／339頁］

図1-7 厚生省報告書を含む長野県での朝鮮人強制連行の実態

工場事業所名 所在地(旧)	●は「官斡旋」(徴用を含む) *は1942年中央協和会調べ	総動員数	年別動員者数						逃亡者	死亡者
			1940	1941	1942	1943	1944	1945		
熊谷組黒沢作業所 西筑摩郡三岳村	*で1939〜1940年の割 **は1942年6月末		*700		**694					
熊谷組西野川出張所 西筑摩郡三岳村	●で「官斡旋」(徴用を含む)	748 (転入)				430 (転入)	318 (転入)		412	4
鹿島組御岳出張所 西筑摩郡三岳村	●で「官斡旋」(徴用を含む)	910			200	300	410		566	9
鹿島組御岳出張所 西筑摩郡三岳村		1763			377	816	541	29	155	7
間組御岳出張所 西筑摩郡王滝村	●で「官斡旋」(徴用を含む)	836				356	480			
間組御岳出張所 西筑摩郡王滝村	*は1942年6月末	400 (推定)	400 (推定)		*959					
飛島組御岳出張所 西筑摩郡王滝村	●で「官斡旋」(徴用を含む) *は割当1939年	*200			194	99	151 17(転入)		330	
大倉土木上松出張所 西筑摩郡上松町	●で「官斡旋」(徴用を含む)	546 320(転入)				372 216(転入)	174 104(転入)		477	5
総　　計		5723	(逃亡者＋死亡者)÷総動員数＝34.3%						1940	25

では、御岳のどの作業所で働いたか不明ではあるが、御岳発電所で働いた朝鮮人の証言を見てみよう。

図1-8　韓在益
（柏書房『朝鮮人強制連行の記録〈関東編 1〉』より）

• 韓在益（ハンジェイク）：1918年2月6日生、全羅南道宝城郡（ボソン）出身。

　私は1941年に「募集」という形で日本に連れてこられたんだ。まあ「徴用」だよ。

　奉公先から母に挨拶に行ってそのまま日本に来たんだ。……私が日本に来たのは22歳の時だった。……行く時に奉公先の人に50銭もらったんだが、それが嬉しかった。

　船に乗って下関に行って、下関から汽車で名古屋に行って、それから長野の御岳山というところに連れて行かれたんだ。その御岳山はとにかく寒かった。……12月25日に来たから雪がすごかったんだ。まわりは山に囲まれていて、馬小屋みたいなところに入れられたんだ。そしたら飯場の親方が来て、私は10年間故郷に帰ってないって言うんだ。それを聞いてすごく不安になった。

　私はそこで御岳ダム掘りをやらされた。何千人もいたよ。中国人もいた。その時は機械がないからスコップで掘るんだ。発破したり。

　そこにはタコ部屋があったんだが、あそこに入れられた人は本当にひどかった。仕事をうまくできなかったら殴られるんだ。逃げる人もいっぱいいたよ。……逃げた人が捕まると、私たちはみんな呼び出されて並べさせられるんだ。そして日本の監督が捕まえてきた人たちを前に正座させて、皮ベルトで何回も何回も思いっきり殴るんだ。雪も降って寒い日に、見せしめとして何回も何回も。それで、それを見ている私たちに拍手をさせるんだ。20人も30人もうずくまって「アイゴー！アイゴー！（いやだよ！ひゃあ！）」って言っているんだ。本当にあいつらはひどい奴らだ！　私も逃げた。逃げて3人で山口に行ったんだ。山口の下松。長野にいたら死んでいた。命からがら逃げ

て来たんだ。みんなだまされて連れて来られたんだ。……［朝鮮人強制連行の記録：関東 1 / 328 〜 329 頁］

　以後各発電所での強制労働を考える。ただし、強制連行された朝鮮人を跡付けるのは難しい。なぜなら 1940 年に、朝鮮総督府が「創氏改名」を行ったからである。「創氏改名」は、本貫 ＋ 姓 ＋ 氏 という朝鮮的な家族制度、特に父系血統にもとづく宗族集団の力を弱め、日本的なイエ制度を導入して天皇への忠誠心を植え付ける狙いがあった［創氏改名 / 水野直樹 / 50 頁］。そのため、日本国内で殉難碑を見ても朝鮮人をハッキリ特定できない。

　次は、中国人強制連行である。『中国人強制連行資料 / 田中弘、松沢哲成 編』が良い。この文献は『華人労務者就労事情調査報告 / 外務省管理局 著』を編纂したものである。外務省管理局の報告書は、中国人俘虜を「 華人労務者(ママ)」というだけで恐ろしい。「内務省への対抗意識かとセクショナリズムから自分達も資料を持っていたいということであり、ＧＨＱ（連合国軍最高司令官総司令部）も怖い、中国からの追及はもっと恐ろしい、という動機であったろう」［中国人強制連行資料 / 14 頁］。また外務省調査は、「中国側を意識してはいるが、全体として重点目標は戦争犯罪回避という所に置かれていたことが看て取れる」［同上 / 15 頁］。つまり、この「調査報告」はそうした日本側の限界を明らかにしていることに注意しなければならない。

　以下の表は、長野県木曽谷への中国人強制連行である。ただし御岳の作業所以外を説明しておく。

　1944 年 9 月 29 日の北海道地崎への移出は、逃亡者が補足され合わせて移出されたものである。地崎組北海道第 1 収容所（連行中国人の懲罰収容所、旧留辺蘂町）のイトムカ水銀鉱山採掘工事である。

　1944 年 12 月 30 日の信濃川は、鉄道建設興業で、鉄道軌道下に横断構造物を敷設する工事をしていた。

図1-9 長野県木曽谷への中国人強制連行

		間組御岳			飛島組御岳	鹿島組御岳			大成建設
		王滝村（大鹿・本谷・滝越）			三岳村（鈴ヶ沢・溝口川・樽沢）	三岳村（余水路・三郎沢・大沢）			上松町
		神戸より	鉄建（間）より	III		下関より	門司より	下関より	
1944年	4月8日	370人移入							
	5月13日					298人移入			
	5月27日				293人移入				
	6月	3人逃亡				4人逃亡			
	7月25日								299人移入
	10月18日						100人移入		
	10月29日							310人移入	
	12月29日	北海道地崎へ2人移出			北海道地崎へ3人移出	北海道地崎へ1人移出			
	12月30日		信濃川より182人移入						
1945年	1月28日			西松より171人移入					
	4月15日	瑞浪へ169人移出				御岳で5人死亡	御岳で9人死亡	御岳で30人死亡	
	4月25日		御岳で13人死亡		御岳で23人死亡			薮塚へ276人移出	
	5月5日		瑞浪へ161人		川辺へ267人移出			薮塚へ4人移出	
	6月7日	御岳で74人死亡		御岳で5人死亡		各務原へ365人			
	6月12日			戸寿へ125人移出					
	8月14日		瑞浪で39人死亡	戸寿で5人死亡					
送還時人員		125人	8人	41人	0人	0人	0人	0人	276人
死亡者合計 287人		御岳で92人 その後42人			27人	移送途中で6人 御岳で44人 その後53人			23人

　1945 年 1 月 28 日の西松は、新潟県西松組で、日本発送電から信濃川発電工事を請け負っていた。

　1945 年 4 月 15 日以降の瑞浪は、岐阜県瑞浪で、川崎航空機疎開工場地下施設建設工事である。同日以降の薮塚は、群馬県薮塚で、中島飛行機地下工場建設工事である。

　1945 年 5 月 29 日の川辺は、岐阜県川辺町で、日本発送電横穴式工場建設工事である。

　1945 年 6 月 7 日の各務原は、岐阜県各務原（かかみはら）で、東海飛行機掩体建設工事である。同日の戸寿は、長野県信濃町で、黒姫鉄山黒姫鉄鉱採鉱準備工事である。[作業所の説明は『中国人強制連行資料』による]。[表は『長野県における中国人俘虜殉難の事情と慰霊実行の中間報告 / 24 頁』から作成した]

　中国人俘虜については何天義（かてんぎ）主編『二戦擄日中国労工口述史』第 4 巻：冤魂遍東瀛（日訳：冤罪の精神で東方の海に行き渡る）に木曽谷における中国人 29 名の証言がある。

　では、木曽谷の発電所建設における中国人・朝鮮人の強制連行を、順を追って見て行こう。

　中国人には、日本側が大隊長、中隊長、小隊、班を決めている[中国人強制連行 / 205 頁]。隊編成がはっきりしているのは、間組、飛島組、鹿島組の一部である。

　日本人は現場責任者をしている。

　その下位に、現場での機械を扱う作業（機械方（かた））、先方（さきかた）と呼ばれる発破作業、発電所建設の行う朝鮮人がいる。先方は削岩機で岩に穴を開け、火薬を装填し、隧道を進行するために爆破する。現場監督でもある。

　中国人を連行していない間組、熊谷組は現場監督に下請けの日本人

を行使している。朝鮮人には他作業所の中国人と同じ重労働をさせている。

　中国人は発破で崩れた岩石をトロッコに乗せ、隧道から押し出す作業をしている。「トロ押し」と略す。中国人は重労働のみである。

　御岳殉職慰霊碑は、王滝川の白川出合右岸にある。製作者は不明である。碑文左に「石川県人□□□（三字不明）」とあった。裏面には昭和24（1949）年2月とあり、殉職者は、解読不能であった。この殉職者は、小島十兵衛氏によると「53名の名前が確認できている」［長野県強制労働調査連行ネットワーク冊子原稿］。

　他に鬱蒼とした間伐の行き届かない御岳発電所入口附近に「水神」が祀ってあった。裏面に昭和24（1949）年11月とある。この月は、御岳発電所すべての竣工日である。殉職者碑は労働中の被災者だけを祀る。どれだけの人が死んだのも、分からない。従って個別の文献に当たるしかない。

図1-10　御岳殉職慰霊碑

第2章 三浦・常盤発電工事

（1）三浦・常盤発電工事

　この2つの発電工事は御岳発電工事以前に行われたので別項に記す。

　三浦貯水池の建設は、大同電力が1926年5月に「三浦御料林内貯水池設置」を出願したことに始まる。1933年に大同電力に三浦貯水池建設工事許可が下りた。1936年8月に工事請負が間組に決まった。

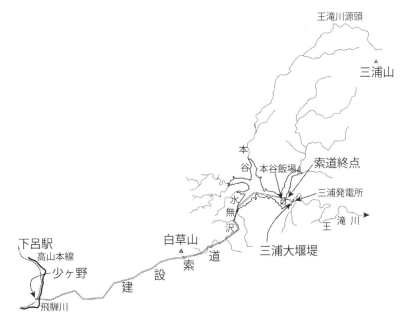

図2-1　三浦発電所の工事図は筆者製作。三浦貯水池ができる前の旧河川が貯水池内にある［1951年4月20日発行『村誌王瀧』／ 173頁］。**また地図上の飛騨川の支流は省略した。**

　工事着工当初は地籍が御料林（皇室財産）ということもあり、林野局や日本発送電から「全員、内地人を使うように」と命令があった。全国から募集した労務者のみで工事が開始されている［間組百年史／ 672頁］。ところが七七事変（盧溝橋事件）後、軍の動員で日本人労務

者の労働力が不足し、日本発送電は林野庁の許可を得、1939年11月以降に、1,100人の朝鮮人労務者を「移入」した［同書／677頁］。この「移入」は強制連行である。

1942年の三浦貯水池の湛水記念式典で遞信省電気長官の塩原時三

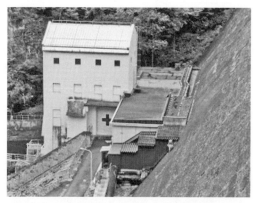

図2-2 三浦大堰堤下の建物が、三浦発電所である。

郎は、この水はやがて電力になる。「鉄砲や飛行機や船舶に代わって、米英撃滅、大東亜戦争完遂のお役に立つこととなるのであります」と式辞を述べている［同書／678頁］。こういう人物であるから1947年11月に公職追放となっている。日本の電力産業は一早く軍事路線に組み込まれたと言って良い。1941年8月30日に配電統制令で、日本発送電が成立している。

鉄道省上松駅からの木曽森林鉄道では多量の資材を運搬できなかったので、1937年10月に高山本線下呂駅から1.7km南の少ヶ野に信号所を設置し、牽引道により、白草山南方で山を越え、三浦へ搬入された。行程は14.5kmある。御料林であるがゆえに貯水池・三浦大堰堤の用語が用いられたが、実質は、貯水池・三浦ダム・三浦発電所の設置であった。

三浦ダムは、1942年10月2日に完成し、8日にダムを締め切り、式典が持たれ湛水が始まった［村誌王瀧／171頁］。

（2）三浦貯水池での争議

当時、間組飯場での朝鮮人居住地は、朝鮮人の本谷飯場にしか無かった。三浦貯水池工事の現場には家族ぐるみで463人がいた［村誌

王瀧 / 176 頁]。1939 年までは、自由往来で日本にいた朝鮮人を使った訳である。

図2-3 三浦発電所見張り所

ダムの北側にある建物は見張り所。その左側の階段下から、更に左手、上流側に本谷飯場があった。今は水没。

ところが争議が発生した。1940 年 1 月 30 日、脱走した 2 人の逃亡者を、裸にして雪中、立たせたことをきっかけに、朝鮮人約 150 人が、看守を襲った。争議は 4 日間続き、330 人（ほぼ男性全員）が参加した［村誌王瀧 / 176 頁］。この時期、現場からの逃亡者は多く、木曽郡管内で 1,000 人中 273 人もが逃亡している［朝鮮人強制連行調査の記録：中部・東海編 / 112 頁］。

三浦ダムは 1942 年 10 月 2 日に完成しているから、1939 年の自由募集という強制連行に関与しており、既述した通り労働力を 1,100 名の強制連行で得ている。

1951 年につくられた殉職慰霊碑である。殉職慰霊碑には、朝鮮人と思われる名が 3 名ある。中国人は 7 名の名がある。石川栄次郎は当時の工事所長の名である［村誌王瀧 / 176 頁］。三浦発電所の竣工が 1945 年 1 月なので、貯水池建設とその後の三浦発電所建設に強制連行された中国人・朝鮮人がいる。記名された殉難者は 33 名であり、王滝川右岸にある。

図2-4 三浦殉職慰霊碑

ただし、殉職者は工事中の事故のみを扱うので、粗末な食事による栄養失調、腸カタル、肺炎などの病死は加わっていない。こうして木曽谷の強制連行、重労働が始まった。

（3）常盤ダムと取水口

　福澤諭吉の娘婿である福澤桃介は、名古屋電燈 ⇒ 木曽電気興業 ⇒ 大同電力という形で、木曽谷の電源開発に関わっていた。彼は、王滝川の電源開発について、三浦貯水池の下流域で第1〜第4の取水発電計画を持っていた

　大同電力は、王滝村と1921年5月25日に契約を結び、王滝村は「現在使用している水量に支障ないようにする」とした。1924年10月に王滝村は長野県知事に要望を出し、王滝川左岸（北側）支流の水利権は村に残すよう念押ししている［村誌王瀧 ／ 178頁］。しかし工事は延び延びになり、常盤発電所は、当初の王滝第1水力発電所を三岳村大島から橋渡に変更した。そのため、取水を下殿、発電所を橋渡に

図2-5　常盤発電所概念地図は筆者作成。その際、当時は木曽ダムがないので、王滝村全村図［1951年4月20日発行、『村誌王瀧』／189頁］により、旧河川を筆者が加筆した。

変更した。

　1937年12月から工事が始まり、常盤ダムで貯水し隧道2.1kmで落差36.8mをつくり出している。

　ところが1939年4月1日、電力管理法、日本発送電株式会社法が施行され、大同電力は日本発送電に統合された。戦時統制経済の導入である。常盤ダムは日本発送電が1941年9月に竣工している［三岳村誌／624頁］。1941年12月7日、日本がアジア太平洋戦争を開始した。

図2-6　上流の大島橋から常盤ダムを見る

（4）三岳発電所の争議

　常盤発電所は、旧三岳村字下殿にあることから三岳発電所と言われることがある。「日本発送電三岳発電工事、250人が見張小屋襲撃」［朝鮮人強制連行調査の記録：中部・東海編／365頁］の三岳発電工事［特高月報］とは、常盤発電所工事と思われる。

　見張小屋は、現在の関西電力常盤ダム管理棟付近にあったと思われる。なぜなら、取水口があり、その南に飯場跡と思しき

図2-7　常盤ダム上流左岸にある取水口

グラウンド空間がある。下殿（しもどの）という字（あざ）である。右岸は木曽森林鉄道の軌道で、管理棟建設は無理である。

　常盤発電所殉職慰霊碑の裏書を見ると5名の内2名が三字姓名である。中国人の強制労働は1942年11月27日以降なので朝鮮人である。常盤発電所の当初運転開始年月が1941年7月である。1937年着工とあるから、1939年までは、日本にいた朝鮮人、日本人を使った訳である。1940年には中央協和会によると700人の動員がある［朝鮮人強制連行調査の記録：中部・東海編／339頁］。また熊谷組は御岳発電所西野川工区水路工事請負いの際「この工事は、当社としては以前から手がけてきたものであり、どうしても希望する工事であった」としている［熊谷組社史／107頁］。1939年三岳組黒沢作業所と合致する［三岳村村誌／624頁］。

　以上のように三浦貯水池の建設、常盤発電所水路（隧道）に用いられた朝鮮人は、1938年4月の国家総動員法に基づく1939年9年からの強制連行によるものである。

図2-8 常盤発電所殉職慰霊碑

図2-9 対岸黒田から見た常盤発電所

図2−10　間組、熊谷組の強制連行（1939〜1942）［調査・朝鮮人強制労働 3：発電工事・軍事基地編／ 143］

整理番号	建設会社	発注	工事名	県名	町村名	起工年月	完成年月	連行承認数1939〜41年	連行数42年6月末	現在員数42年6月末
43	間組	日発	御嶽発電、三浦貯水池堰堤	長野	玉滝村	1936.9	1942.12	1100	959	452
44	熊谷組	日発	御嶽発電、三浦貯水池堰堤	長野	三岳村	1939.5	1941.12	700	694	—

第3章　御岳発電工事・間組

（1）間組作業所の概略

　御岳発電所建設の一番西方は、三浦発電所を建設した間組である。それまでの朝鮮人の一部と 1944 年 4 月 8 日 2,370 人移入した中国人で作業を開始している。主たる工事は、滝越にある王滝川ダムの建設と、王滝川ダム取水口からの建設と、鯎川からの取水とその合流、さらに隣の飛島組鈴ヶ沢からの隧道と結合する隧道を掘鑿した。

　そのため、滝越に飯場をつくり、中国人は日本人集落の下部、朝鮮人集落は吊り橋を渡った王滝川右岸に建設されている。滝越飯場は王滝川ダムの建設を行い、王滝川ダムからの隧道は滝越飯場と濁川飯場から掘鑿している。

　鯎川からの取水と小俣川堰堤の建設および隧道は、大鹿飯場が行っている。物資輸送は木曽森林鉄道鯎川線を利用している。

　柳ヶ瀬飯場と氷ヶ瀬飯場は、合流点の掘鑿と飛島組の掘鑿と接合する部分の工事を行っている。

　王滝村の三浦えつさんが「中国・朝鮮人の子供はいなかった。女の人は少しいました」［王滝中学校社会科クラブ研究 ／ 12 頁］と証言しているから、朝鮮人には妻帯者がいたと思われる。中国人の場合、特殊慰安（性奴隷）については試験移入の際、華人慰安婦 5 名を入れたが、隴断（ひとりじめ―引用者註）占有することになり、「以て其後は此の種の施設を施さざることとせり」［華人労務者就労事情調査報告書 第二分冊 ／ 16 ～ 17 頁］とされた。従って女性はいない。

　間組の朝鮮人労働力は、1942 年 6 月に強制連行（官斡旋）が 836 人、それ以外が強制連行（自由募集）400 人で、合計 1,236 人である。ただし 155 人が逃亡している［朝鮮人強制連行調査の記録：中部・東海編 ／ 156 頁］。

　中国人の強制連行は 370 人だった。北平西苑俘虜収容所由来である。（北平は中華民国北伐後の北京の呼称。中華人民共和国は北京に

戻した）

（2）朝鮮人労働者の実態

① 張熙錬（1926年生まれ）による先方の朝鮮人の様子。

図3-1　張熙錬
（「長野県強制労働調査ネットワーク」より）

　彼によると、朝鮮人労働者は、先方をおこなっていた。トンネルは両側から掘り、削岩機を使いダイナマイトで爆破した岩くずをトロッコに乗せて運んだ。……作業は8人ぐらいで行った。機械を扱う人が2人、手元呼ばれる補助が2人（ダイナマイトも扱う）、運搬する者が4人だった。飯場には20〜30人ぐらい居て、朝晩交代で仕事をしていた。[2012年聞き取りソウル市にて／長野県強制労働調査ネットワーク冊子原稿／小島十兵衛]

② 姜信浩（1925年9月7日生まれソウル市在）による朝鮮人の生活。

図3-2　姜信浩
（「長野県強制労働調査ネットワーク」より）

　飯場は三角兵舎で山の中にあった。中央に通路があり、両脇に並んで寝た。朝鮮人夫婦が世話をしてくれた。食事は米のごはんで、たくわんとみそ汁がつき1日3食だった。時にはワラビを摘んできて入れたりジャガイモを作ったりした。衣服は間組のしるしの入った半纏2、地下足袋、巻脚絆だった。1年過ぎたころ配給用の伝票をもらい、服や米も買えた。[2012年聞き取りソウル市にて／長野県強制労働調査ネットワーク冊子原稿／小島十兵衛]

図3-3 李青換
（柏書房『朝鮮人強制連行調査の記録〈関東編1〉』より）

③ 李青換（リチヨンフアン）（1926年9月生、慶尚北道達城郡（ダルソン）出身）による「官斡旋」方式の欺瞞とその実態。

1943年の3月頃、親の農作業を手伝っていた私は、3日以内に出頭するよう面事務所からの強制「徴用」令状を受け取った。一反歩に苦しめられていた私は、一抹の不安はあったが、少しはましかなと思いつつ、従わざるをえなかった。……

1944年5月から1945年4月まで長野県西筑摩郡（現 木曽郡）王滝村下倉の水力発電所建設にかかわった間組に、水力発電所のトンネル掘りとして連行され、使役させられた。……

監督はすべて日本人で、働かされるのは朝鮮人であり、少し離れた所に中国人捕虜の飯場もあった。1日13時間も働かされ、定期健診などあるはずもなく、ケガをしたとしても日本人とは扱いが違い、まして病気などの治療や待遇、死亡時の補償など日本人とは明らかな差異があり、差別は歴然としていた。食事は1日3回はあったが、粗末なもので、ここでも日本人とは違っていた。休日もなく、外出もできなかった。

米俵のようなものでつくられた青い囚人服のようなものを着せられ、山の中でいつ落盤にあうかわからない危険と隣り合わせの作業であった。来る日も来る日も12〜14時間も働かされ、休みは1日もなかった。着いた当初赤痢にかかったが休ませてもらえず、苦しく辛い思いをした。仕事中ダイナマイトが暴発して死にそうな目に何回かあい、落盤で生き埋めになった同胞も数人いた。一服でもしようものなら「バカヤロウ、チクショウメガ！」と口汚くののしられた。

……食事は大麦、小麦、ジャガイモを混ぜた雑穀と、具のない薄い汁にたくあんといった粗末なものだった。バラックの建物の8畳に15人が雑魚寝、冬は寒くて、半分に切ったドラム缶に山から拾ってきた杉の木を燃やしたまま寝、砂埃をかぶる作業にもかかわらず風呂は3〜4日に1度しか入れなかった。豚より汚い生活だった。……［聞き書き／

1997 年 7 月金鳳淑。朝鮮人強制連行調査の記録；関東編：1 / 330 ～ 331 頁]

（3）中国人の労働実態

図3-4 曽華
（齊魯書社『二戦擄日中国
労工口述史』より）

図3-5 本当の窩頭

① 曽華（1914 年生、河北省豊潤県白官屯鎮望
馬庄人）による労働実態と粗末な食事。

　我々のそこでの仕事は隧道を掘って、石を
運ぶことだ。隧道の中には水があり、我々の
足は一日中水に浸かっていたので、冬になる
と非常に冷たかった。彼らが来なかった時、
我々は仕事をしないで、彼らが来てから我々
は急いで仕事を始めた。

　我々の主な食べ物はどんぐりの粉の窩頭（本来
はトウモロコシの粉を小麦粉と一緒に練り、中に
具を入れる。―引用者註。具もない、ドングリ
の粉では苦くて食べられない。動物の餌以下）。
1 日 3 回、1 回の食事ごとに 1 人 2 つ窩頭だった。
それでは満腹にならない。100 人の労働者にわ
ずかに小麦粉 15kg（1 人当たり 150 ｇ）しか支給
しない。[二戦擄日中国労工口述史 / 195 ～ 198 頁]

図3-6 侯平
（齊魯書社『二戦擄日中国
労工口述史』より）

② 侯平（1925 年生、河北省唐山市古冶区望年
荘郷磨石板〔村〕人）による食糧の実態。

　1944 年 8 月末、青島に 3 日間滞在して、
我々 200 人は貨物船に乗せられた。我々が行っ
た長野県での仕事は隧道を掘った。……日本
人はまず我々 200 人を 2 つの中隊に分けて、
各中隊は 100 人で、中隊長の 1 人は八路軍で、
大隊長は八路軍連隊長だった。1 人 1 日 12 時

間働いているが、小麦粉は 250 ｇしか食べられない。面（中国語：広く穀物を引いた粉 ―引用者註）といっても、中に入っているのは少ない米糠と黍粉で包まれたもので、食糧とは言えない。木材の釘打ちの住居は、寒くて湿っているので、我々は自分で木を探して暖を取る。労働者たちに疥癬ができても、日本人は治療しない。［二戦擄日中国労工口述史 / 199 〜 203 頁］

（4）現地日本人の証言

・三浦とめさん：滝越区

○ たばこの箱の大きさのパンを食べていた。塩を欲しがった。朝鮮人はパンばかり食べていた。パンは、塩味で、きびの粉で作ったと思う。

・松原誠一さん：東区（当時助役）

○ こうりゃん（まめきび）の粉、メリケン粉をパンにしたり、豆をいって粉にして食べた。1 日 3 食。厚さ 2cm。1 食分は 2 枚（パンの大きさ）。

・三浦 まつゑさん：下条区（当時 柳ヶ瀬区）

○「……5 才にな（る）子供を『ぼく、来、来』と遊びに連れていき、帰りに白いパンを持たせてくれた。ところが班長がやって来て、中国人をひっぱたいてつれて帰った」
［以上、「1982 年度王滝中学校社会科クラブ報告集」より抜粋］

・三浦茂差衛門さん、てふさん：滝越

○「氷でつるつるすべる現場。あまりにも気の毒なので、村の者がこっそり、足にすべりどめのナワをまいてやったこともある。人によって 2 枚、力のありそうな人は、4、5 枚の板をかつがされたが、慣れない仕事にマゴマゴしていると、日本人の親方たちが、中国人た

ちを革ムチで打った。食事は小さなコヌカのパン。それに、茶飲み茶
わんに手オケから冷えきった塩汁が注がれた」[信濃毎日新聞 / 友好へ
のかけ橋に / 1973 年 2 月 2 日]

• 瀬戸義男さん：間組御岳の山中班製材担当
○ 着のみ着のままで冬は寒いので新聞紙を中に入れたり、食料の袋
のアンペラ（藺草で編んだ筵）を下半身に巻きつけたりしていました。
食料は 1 食握りこぶし大のパン 2 個とたくあん少々だけで、立間沢
入口付近に 2 軒のバラックがあり、ここに約 30 人が収容されていま
した。一時期、ほとんど毎日のように、栄養失調や病気のために死に
ました。私も 2 度ばかり立会いましたが、死んだ中国人は王滝川の
支流の鰍川の川原に持っていって薪をたいて焼きました。[霊川の流
れは永遠に / 18 頁]

図3-7 間組の年齢構成表(付表参照)

番号	事業場名	移入数	年　齢　構　成						
			15歳以下	16～19歳	20～29歳	30～39歳	40～49歳	50～59歳	60～69歳
47	間御岳	370	0	54	122	89	82	21	2

　確かに、間組の年齢構成表は、他の強制連行集団より抜きん出て高
年齢である。

（5）大隊長殺人事件の発生

①　華人労務者就労事情調査報告書（第一分冊）第一 移入・配置送還
事情 第二節 送還状況　残留者数に、秋田刑務所収監中の 5 名がある。
この犯人たちは大隊長を殺した。神戸下船者より 4 名、鉄建西松から
移入した者 1 名である。

　この移入集団別素質は図 3−8 である。八路軍人はいなかった。し
かも農民がほとんどで教養が低く、識字率も低かった。

図3-8 間組移入集団別素質（付表参照）

番号	事業場名	移入集団別素質							受入人数・到着年月日	
		出身地	数	家族	職業	前歴	教育	健康		受入数
45	鉄道建設興業信濃川（西松）	河北 河南 陝西	未記入	不詳	大部分農民	軍人はごく少数	日語有解10% 文字有解50%	概ね良好	下関より 19.6.28	94
									下関より 19.8.12	88
(46)	鉄道建設興業信濃川（間）	河北 河南	未記入	不詳	主として農民	軍人なし	日語有解10% 文字有解60%	概ね良好	下関より 19.8.12	188
47	間御岳	河北 山東	未記入	独身60% 有家族40%	荷役・農民		日語有解3% 文字有解10% 小卒20%	不詳	神戸より 19.4.8	370
					大部分農民	軍人はごく少数	日語有解10% 文字有解50%	概ね良好	鉄建（間）より 19.12.30	182
					主として農民	軍人なし	日語有解10% 文字有解60%	概ね良好	鉄建（西松）より 20.1.23	171

② では、大隊長殺人事件の真相

「各工事現場は、20〜30人単位で、それに中国人の『小隊長』がつき、さらにこれを中国人の『大隊長』が統括していた。小隊長、大隊長の中には、日本人の現場監督のうけをよくするため、われわれ中国人につらく当たる者がいた。われわれの大隊長だった劉倍軍（りゅうばいぐん）がそうだった。当時33歳で、蔣介石派の軍人だった。彼はちょっとした不注意にも、『減食』処分を出した。1日3本と決められていたはずのたばこも、2、3日に1本しか支給しなかった。こうして浮かした食糧やたばこを、日本人への贈り物にするなど『横流し』した。また、部下が苦しい作業をしているのに、劉大隊長らは遊びに行くことが多かった」

この背信行為に、武桂生（ぶけいせい）さんたちの怒りは目増しにつのった。「ある夜『大隊長が近くの飯場に遊びに行く』という情報をキャッチした。

大隊長を迎えに行く班、待ち伏せる班と段取りはすぐできた。私はカンテラをさげて迎えに行く役目。大隊長の姿がみえると、役目を負った班長が行動を起こした。すべて、小隊長の命令だった。この事件は落盤にみせかけ、劉大隊長は火葬にした」

　しかし、事件は発覚し、20数人が警察に連行された。無期懲役を含めて、武さんら5人が懲役刑になった。取り調べはきびしく、マキの上に座らされ、パイプを指の間にはさまれた。この時の後遺症が、武さんの指にいまだに残っている。

　信濃毎日新聞 ／ 友好へのかけ橋に ／ 1973年2月2日：武桂生のこの証言は、華人労務者就労事情調査報告書（第一分冊）参考資料第一三残留者名簿206頁に　秋田刑務所に入獄した呉桂生（ごけいせい）が記載されているから、武さんの偽名と考えて良い。一般に、中国人は中国出国登録する時、偽名を用いる。この武さんの偽名は中国語発音2声と3声の違いである。河北省滄県漁富屯、22歳である。侯平の言う八路軍大隊長は、劉倍軍死後の大隊長と考えるしかない。（1945年4月5日以降、岐阜県瑞浪に移出する）

③　『村誌王滝 歴史編：2』182頁には、1944年御料林盗伐弁償3,970円がある。これは朝鮮人が炊事用燃料として伐採したもので、間組が弁償している。御料林は今も皇室財産であり、「さすがに『木1本、首1つ』と言われる天下の木曽檜」である［『木曽森林鉄道を行く』二井義雄 著 ／ 鉄道模型趣味254号］。

（6）死亡者の多さ

　4事業所の中で、最も多い死亡数である。御岳の89体の行方は、まったく不明である。

　王滝中学校の子どもたちは次のような証言を集めている。

・松原誠一さん：東区（当時助役）

○ 濁川に納骨部屋があった。亡くなった人は、お坊さんを読んで（ママ）き

て、お経を読んでもらった。

○ 亡くなった人は、その仲間の手で焼き、納骨せず、いつか帰る時のために持っていた。

たきぎは中国・鮮人自身にとらせた。^(ママ)

○ 拷問するようなことはなかった。そんなことまでして働かせなかった。言った仕事ができなかった場合に班長がそれなりの罪を与た。^(ママ)

○ 滝越では、焼いた人の骨が今も残っている。濁川の納骨の飯場に鉄砲水がきて全部流されてしまったこともある。

・原 前住職：下条 鳳泉寺

○ 中国人は、遺骨を大切にしていた。「王滝村濁川の作業現場には祭壇しきの納骨部屋があった……」

・戸井和江さん

○ 日本人は、中国・朝鮮人を見て「捕虜」だと言ってばかにしていた。何かした中国人を電柱に1度に10人もしばりつけていた。

・ほうせん寺のおばあさん（下条 鳳泉寺）

○（中国朝鮮人のために）よくお経をあげに行った。

○ ある日の大雨で鉄砲水が発生し、濁川にあった納骨小屋がいっぺんに流された。日本人がお経をあげてくれるようにたのみに来た。そしておしょうさんが直接現場に行ってお経をあげた。大きな箱に30人の遺骨をいっしょに入れてあった。

○ おしょうさんは昼間にお経をあげに行った。

［王滝中学校社会科クラブ報告／0〜13頁より一部］

　が、現実は違った。

　間組御岳の集団的特徴は、表で明らかなように、ほとんど農民、荷役の苦力出身である。兵士の俘虜ではない！　彼らは、突然俘虜とし

図3-9 間御岳に帰還時現在数を記入した一覧表（付表参照）

番号	事業場名	受入人数・到着年月日	受入数	転出先	転出数	死亡数	行方不明	到着前死亡	死亡数	負傷者数	罹病者数	不具癈疾者数	高死亡率事業場（全30） 死亡総数	伝染性疾	一般死亡	不具癈疾多発事業場（全6） 人数	内訳 失明	視力	帰還時現在数
47	間御岳	神戸より 19.4.8	370	地崎北海道へ 19.2.22	2	74			92	151	368	1	92	42	42				125
		鉄建（間）より 19.12.30	182	間瑞浪へ 20.4.15 20.5.5	169 161	13													8
		鉄建（西松）より 20.1.23	171	間戸壽へ 20.6.12	125	5													41
48	間戸寿	間御岳より 20.6.13	125			4			4	3	28	2							121
49	間瑞浪	間御岳より 20.4.15 20.5.5	169 161			39			39	9	61	1							291

て捕獲された地元の人々である。日本軍が捕虜狩りを行っただけである。敗戦後の間組戸寿での9万円奪取、さらに間組瑞浪での突如の10時間2交替による死亡増大、敗戦後の略奪・暴行、66万円奪取で、彼らの鬱憤を理解されよう。大隊長殺人のため、「華人労務者就労事情調査報告書」は、他事業所に行ってしまった俘虜に関わらず、間組御岳に「帰還時現在数」を書き残している。これは他事業所にはない。

　間戸寿、間瑞浪は、高死亡率と考えられなかった。

（7）戦後の間御岳の死亡者探索

　1953年8月、中国人俘虜殉難者慰霊長野県実行委員会が設立された。その後、1954年11月16日の第4次遺骨移送に間御岳3柱（霊砂）があるが、本格的探求は、1960年に入ってからである。……王滝村滝越で、発電所の宿舎を建段する工事中、かつての中国人の飯場附近から、死体焼却場のあとで遺骨数十人分が発見された。（長野）県厚

生課は、1961年5月に、係官を派遣し、中国人殉難者の遺骨であることを認めた。そこで、同年8月1日に県厚生課と地方事務所、地元役場等の協力で、遺骨を発掘し、20人乃至30人分と思われる遺骨を収集して、上松臨川寺、王滝玉泉寺、三岳大泉寺の三寺院の住職の参加の下に現地供養を行った上で、県厚生課へ移した。これは、間組御岳の89柱のうちの1部と推足（ママ）される。

―― 善光寺大歓進事務局矢口鉄三の報告 ――

1．死体を焼却した実跡を発見し得たことは倖（さいわい）である。

2．滝越部隊の焼却跡は、旧飯場より直線距離40m位の所にあり、また同飯場は、本部落寄り内側直線100m位の所にある。
すなわち焼却所は、本部落より140mぐらいの所にある。火気を特に注意する森林地帯に於いて、焼却の火気を認め得ぬはづ（ママ）は なく、火気望見にさいし、原因をきわめないとは考えられない。
しかるに今回、偶然にこの跡を発見したという如き、現在も10年前と同様、この件に関し、（部落の人々は）隠匿（いんとく）したい意志を 持っていると認められる。

3．濁川の河川敷にもうけた納骨部屋に本部落に発生した選骨を合収したとは考えられないと今次参考人（三浦幸吉氏）は申述べているが、これは前調査と食いちがいがある。
（今までの調査では、滝越、本谷、大鹿の各飯場の死亡者遺骨を、濁川の河川敷の納骨堂にあつめて一緒に安置していたのが、 1945年10月の水害で流失してしまったとされている）

4．焼却作業が何人によりなされたか（日本人か中国人仲間か）を決定する資料は何も得られなかったし、

5．今回発見の焼却跡は、水際の湿地にあり、発生当時は現在より増水時には湛水地になったのではないかと考えられるので、遺骨ならびに遺体の遺棄埋没等も考えられるが、

6．遺骨の相当数が箱に格納されていた事を考えれば、前回調査によ

り、焼却当時においては、収骨作業が相当周到に行われていたと
推定し得る。

7. 従って今次発見された焼却跡に現存する人骨は残骨と思われる。

8. 王滝地域の他の飯場にも同様の形式による死体焼却場があったこ
とも推定される。調査を必要とする。

［長野県における中国人俘虜殉難の事情と慰霊実行の中間報告 / 25 〜
26 頁］

　外務省の疾病統計によると、間組御岳は、大腸カタル 79 名、結核
30 名、疥癬 65 名を含め伝染疾患は 201 名であり、うち 42 名が死亡。
消化器病が 66 名でうち 10 名が死亡、全体として疾病 368 名のうち
84 名死亡となっている［同上 / 27 頁］。合計数だけがあっているとい
う杜撰さを示す。

　さらに間組の「事業所報告書」によれば、死亡者 92 各中、死亡病名
大腸カタルが 26 名で、その原因は「過食 11 名、暴食 8 名、胃拡張 1
名」等となっている。「栄養失調死亡の理由が『過食』『暴食』『胃拡張』
とは何か」と中国殉難者慰霊実行委員会「報告書」は怒りをこめて書い
ている［同上 / 27 頁］。

　要するに、間組の捕虜管理は杜撰で、合計 132 人が死亡し、死亡率
23.6％と異常に高率を示し、殺人事件まで生んでいる。

第4章　御岳発電工事・飛島組

（1）樽沢、神沢、鈴ガ沢の作業所

松原誠一さん（当時助役）は樽沢に飯場があったと証言されており、亀子宗平先生（医師）が「ねる時、大きな沢の所にある宿舎に行く」と言われている［王滝における中国人・朝鮮人の強制連行／10頁］ので間違いはない。

飛島組は、物資の輸送に各施工地点には主要な輸送手段として「空中索道」を設置した。木曽森林鉄道は王滝川右岸を走っており、川を越えて物資を運ぶためであった。崩越から対岸の樽沢に渡り、樽沢から神沢へ、さらに溝口川を経て鈴ガ沢へ至っている。［村誌王瀧／181頁］

1990年に日本側から韓国へ渡された厚生省名簿によると、飛島御岳は、官斡旋：461人が働かされている。残念ながら朝鮮人証言は、発見できなかった。今までの中国人・朝鮮人証言の中に出てくるように、機械方、先方、現場監督は朝鮮人である。

（2）原告蒼欣書意見陳述の概略

図4-1 蒼欣書
（「松本強制労働調査団
第53号」より）

原告の蒼欣書といいます。私は日本帝国主義および日本企業飛島組の虐待・迫害を受け、中国労工の苦役を、身をもって体験してきました。……私たちの隊の301名が北京の西苑捕虜収容所を経て日本侵略軍により青島から……日本の長野県王滝村の作業所に連行されました。……貨物船「昭華丸」に……寝かされました。……それによって1名の労働者が船の中で死亡し、もう1名は日本の下関で死亡し、もう1名は長野行きの列車の中で死亡してしまいました。また、

飛島組の作業所に着いてすぐに 3 人が死亡してしまいました。

　……21 世紀になった今も、日本人の凶悪な暴力や労工の惨状が時々思い出され、一生忘れることはできません。過酷な重労働をさせられているのに、食事は豚にやるような米ぬかで、……小麦粉をまぜて、1 食当たり 2 個のぬか饅頭（一種の蒸しパン）だけでした。おなかがすきながら働いているので皆痩せていました。山菜を採り、草の根をとっておなかを満たしました。……

　最も憎むべきことは飛島組が小麦粉をやめ、その代わりにドングリの粉を食べさせたことです。労働者は皆、下痢が止まりませんでした。たった 7 日間のうち 25 人の仲間が亡くなりました。しかし飛島組は責任を免れようと、皆が肺結核や慢性胃腸病で死んでしまったと嘘をついていました。

　……私たち大隊の労働者が飛島組で 1 年くらい奴隷・牛馬のように働きました。これにより、飛島組は数千メートルの水力発電所トンネル……を完成させました。これは完全な無償労働です。給料はまったくもらっていません。抗日戦争の勝利によって日本が降伏し、私たちは生きて帰国できるという希望をもちました。

　しかし飛島組は我々を募集によって来た労働者であるとしていたために帰ることができませんでした。東京のＧＨＱ（連合国軍最高司令官総司令部 ―引用者註）へ私たちの身分と日本に来た経緯を説明しに行き、アメリカの手配によって帰国することができました。しかし日本及び企業は、中国労工に残酷な無償労働をさせたことによって莫大な利益をあげました。

　……原告である私は日本及び飛島組に対して以下の要求を出します。

　第 1 に日本及び飛島組は国際法及びそれに関連する国際法規に違反する犯罪行為を犯し、これに対し徹底して責任をとらなければなりません。

　第 2 に、日本及び企業の飛島組に対して賠償を求めます。［松本強制労働調査団 団通信 2005 年 6 月 第 53 号より］

（3）裁判の結果

2006年3月10日、中国人強制連行強制労働長野弁護団が声明したように、被告、国及び被告鹿島建設、大成建設、飛島建設、熊谷組に対する請求について、原告の請求を棄却する判決を言い渡した。しかしこの長野訴訟において、7年余に及ぶ審理を経て、2005年昨年5月20日の結審と同時に裁判所は和解勧告を行い、結果として被告らの和解拒否により和解成立には至らなかったものの、日中双方の合意のもとに、個別企業毎の基金創設による解決を提案した。

中国人強制連行強制労働の被害者全体の解決へ向けた試みとして大きな意義を有するものである。国および被告企業は、長野地裁を含む全国各地の裁判所が強制連行強制労働の事実を認定したことを真摯に受け止めなければならない。(同上書)

しかし和解した会社は3社にとどまった。

（4）飛島御岳の概況

朝鮮人は461人で、すべて強制連行（官斡旋）であった。うち330人が逃亡している。[朝鮮人強制連行の記録：中部・東海編／156頁]

中国人は、293人で、ほぼ八路軍である。木曽谷に入った中国人の中では学歴が高い[華人労務者就労事情調査報告書［第一分冊］参考資料九／155頁]。しかも、隧道完成遅滞の工作までしている。

図4-2 飛島御岳の移入集団別素質(付表参照)

番号	事業場名	出身地		年齢(原文令)			家族	職業	前歴	教育	健康
			数	最高	最低	平均					
(52)	飛鳥御岳	河北山東	281 10	45	15	25	独　身 112 有家族 189	農10	旧軍人 266	中卒 2 小卒 89 文字有解 200	胃腸障害 皮膚病

（5）袁甦忱証言から当時の中国人の状況を知る

何天義主編『二戦擄日中国労工口述史：4　冤魂遍東瀛』の中国人29人の証言は全部で244頁ある。うち袁甦忱の証言は98頁（全体の40％）なので、長文になるが、略述する。

図4-3　袁甦忱
（齊魯書社『二戦擄日中国労工口述史』より）

・袁甦忱は1919年10月生。河北省武邑県、1943年11月に俘虜になった。偽名を金文華という。

① 北平西苑俘虜収容所とは、頤和園の東。かつて、鉄道の清華園駅があった。

② 日本送致

第3回目の人選を行う仕事に出かけた。今回は人数が300人で、第1大隊長の商慶祥が隊を率いて日本国に行く。北平西苑俘虜収容所での先の2回の選別を通じ、身体が良い人は、すでに大部分が去ってしまった。

1944年5月18日に選ばれた人々は隊の編成を始められ、当時、6つの小隊に編成することを要求された。各小隊50人、計300人で、すべての小隊長は大隊長の商慶祥によって割り振られた。元第1中隊の蒼欣書を副大隊長に指名した。

③ 青島からの出港は、貨物港であった。

5月21日、私は1つのプラットフォームの標識が「青島大港駅」（青島駅ではない！　貨物駅である。ー引用者註）であることを知った。

④ 我々の携帯品

5月22日の朝食後、我々が持っていくべきものが配られた。1人1人に支給された物資は、綿入り服1着、綿入り掛け布団1枚、綿毛

布1枚、単衣2組、普通の布靴、帽子、靴下各2揃い、そしてタオル、歯磨き道具、食事用の碗、箸、おかず用皿。

また100人に1組の調理器具が支給された。大鍋2個、蒸し籠、炒め物用の炒めヘラ、お玉、大皿、焼火用の鉤フック、シャベル、および包丁、まな板など。生活に使うものはすべて中国から持って行って、日本に着いてからすべてのものは、一切補充しない。

⑤ 船内の様子

この船は船室いっぱいが鉱石なので、我々300人は、ただその上に乗せられているだけだ。第3日目の午前中、朝鮮半島の南端だと推定した。第2小隊銭喜、河北省蠡県人は病気が重く、船上で死亡した。

⑥ 門司での入国検疫

1944年5月27日の朝、3泊3日の海の奔走を経て、やっと日本国に着いた。上陸した場所が日本の門司港であることがわかった。我々が入ったこの大きな広間は、消毒する税関検疫所だ。我々は収容所から来ており、長い間風呂に入っていない汚れだらけなので、消毒には特に厳しい。

中には多くの日本人女性が立っていた。彼女たちは和服を着、日本の髪を結い、下駄を履き、顔にお白いを塗り、唇に口紅を塗り、眉を描き、まぶたにアイシャドーを付け、見たところ20代の若い女性であった。彼女たちはたくさんの網に編んだ小袋を持っていた。皆は自分の番号を覚えるようにさせられた。苗鳳岳通訳が入ってきてから、我々にすべての服を脱がせ、服を網袋の中に入れた。もう脱ぐのが恥ずかしかった。しかし、……我々はすべて脱いで、一糸もかけないようにしなければならなかった。脱いだ後、彼女たちは服がいっぱい入った網袋を、カートで別の部屋に押して行った。

我々は裸で2つ目の部屋に入った。この部屋には6つの大きな浴槽があり、……我々を風呂に入れた。日本人女性たちは浴槽のそばに

立って、我々の入浴を監視し、もし誰かが立ち上がるとか、あるいは洗わないなら、彼女たちは指図し、よく洗わせる。廻りの壁にはシャワーヘッドもあり、浴槽に20分浸かった後、シャワーで洗い流し、5分後、次の部屋に入った。

　この部屋にもたくさんの浴槽があるが、面積は小さく、水温も高く、鼻をつくような薬の匂いがした。10人ごとに小さな浴槽に入った。風呂に入った後、温度が高いだけでなく、薬の性質が肌を刺激し、立ち上がりたいと思っている人も少なくなかった。しかし、風呂のそばの日本人女性の監視は厳しく、決して立ち上がらせない。彼女たちは1人1人が湯桶を持って、しきりに湯をすくって労働者の頭部・身体にお湯をかけた。……30分で風呂から出て、シャワーを浴びてから次の部屋に行った。

　次の部屋に行くと、とても小さくて狭く、ドアが1つだけあった。室内にはすでに2、3人の日本人女性がドアの両側に立っていて、それぞれ1つの薬筒と1つのへらを持っていた。彼女らは木のへらを使って薬筒の中の軟膏をとり、我々に手を伸ばさせ、軟膏を我々の手に塗り、我々の体毛のある場所すべてを薬で強く塗らせ、特に脇の下、肛門と陰部、言葉が分からないので、彼女たちは指で指図し、必ずすべて塗ってから、解放した。

　さらに次の部屋に入ると、真ん中に背もたれ付きのベンチが置いてあり、消毒された服が送られ始め、すでにカートでここに押し出されていた。我々は自分の番号に従って、すぐに自分の服を取った。衣服には薬味が付いていて、少し湿気があった。しかし冷くなくて風呂に入ったばかりで、体が暑くて、服を着ても湿気を感じない。服を着ると、何人かの港湾警察が我々を連れて別のドアから出て、別の埠頭に向かって歩かせた。

⑦　下関からの搬送
　1944年5月27日午前9時すぎ、我々は列車に乗って不明の目的地

に向かった。我々が下関から乗った列車は普通急行の後ろにあり、臨時に加えられた3両の三等客車で、午後3、4時頃、趙吉成^{ちょうきちせい}は死んだ。

夕方になると、列車は小さな駅に止まり、我々の乗った3両を置いて、他の車輌は出発した。何人かの日本人がここで待っていた。我々を降ろし、1時間も歩かせ、やっと……部屋に入った。食事の準備ができていた。少し休んでから、食事を始めた。この日は列車でパンと飲料水を配られたほかは、まともな食事がなく、みんなおなかがすいていた。今回の食事は悪くなく、祖国を離れてからの最高の食事だった。1人1組の割り箸が配られ、紙袋で包まれていた。これを見たのは初めてで、みな珍しいと感じた。（中国では割り箸を1膳ごと紙袋に包む習慣はない — 引用者註）。

⑧ 王滝村での中隊の住まい

我々第2中隊が住んでいるところは、四方に山があり、平地が少しもない。第1中隊が住んでいる所よりも高く荒涼としており、住んでいる家も第1中隊が住んでいるのと同じように、板で建てられていて、2棟あった。厨房用と住人用であった。1棟は、厨房、倉庫、炊事班の住居であった。

……周囲10㎞以内に人家がない。我々はここで働いて丸1年になる。施工監督工と関係者以外、誰にも接触したことがない。飯を食い、仕事をし、寝る以外に、他にやる事はない。単純、無味乾燥で、極めて悲惨だ。

我々が住んでいる家屋は日本人が木材で建てたもので、煉瓦は1個も用いない（普通中国人の住まいは煉瓦作り — 引用者註）。大小2棟の人が住んでいる住居がある。大きい家屋は長さ30m余り、幅5m余り。小さな家も幅5m余り

図4-4 ベニヤ板は名古屋の特産品

52

である。だが、少し違うのは短い家屋は、長さ約 20 mである。我々
100 人は、冬は大きな部屋で寝ていて、夏になると 1 部を分けて小さ
な部屋に寝ている。家屋は 4 寸 (約 13.3cm) の角材を使い、木柱に薄
い板 (ベニヤ合板：右図) を打ち付ける。更に角材の両側に 2 層の大
きな板の壁を作り、真ん中におがくずを入れる。

　屋根は木の皮を何層も敷いて、雨が降っても水が漏れない。部屋の
中の両側は寝床で、木の上に草が敷かれ、その上に高粱の茎の皮で編
んだマットを敷いている。

　……両側の壁には小さな窓がいくつかあり、板で釘付けにされてい
る。2 つの大きな家屋のほかに、長さと幅がそれぞれ 6 m四方の家屋
がある。これが、私が班長を務めている炊事班の家屋で、その中には
台所があり、倉庫と部屋がある。炊事班は 4 人しかいないので、部
屋は小さい。

⑨ 王滝村での労働

　1944 年 5 月 30 日、我々は敵の圧力の下、仕事を始めた。この工
事は、連綿と続く山下で高さ 5、6 m、幅 3、4 mの長い長い隧道を
掘ることで、その長さは数十kmと言われている。このような長くて大
きな隧道が何のために使われるのか。……長い間に、この人工隧道を
利用して中部地方の大きな発電所を開き、発電機を廻すものを日本に
建設すると漠然と聞いた。……まず山辺に深い穴を開け、作業通口と
して、深度が主隧道に達すると、左右に……主隧道を掘った。すべて
の各地点の主隧道が互いに貫通し、同じ隧道になれば、すべての作業
通口を石、セメントで塞ぎ厳封された。隧道の設計計画は、作られた
ものを外側から見ることによってのみ完成と言える。

　我々の大隊は 300 人で、3 つの施工地点に分かれた。大隊長は第 1
中隊を真ん中 (神沢) に入れ、我々の第 2 中隊は東 (樽沢) に置き、第
3 中隊は西 (鈴ヶ沢) に置いた。各隊は約 7、8 里 (中国の里は 500m；
3.5 ～ 4km) 隔てられており、(実際の直線距離はどのくらい遠いかは

分からない）。各施工地点は我々 100 人のほかに、日本人と朝鮮人からなる組織指揮・工事設計と技術労働者、後方勤務のサービス員が、約 20 人余りいる。また各施工拠点には発電機・空気圧縮機・機械修理・加工などの完全な機械設備がある。

⑩ 空中索道

また各施工地点には主要な輸送手段として「空中索道」が設置された。索道は（森林鉄道の）小さな駅（崩越駅 ― 引用者註）から工事場所まで、約 3km 以上あり、太いワイヤーロープで長い大きな円の滑車でつながっている。駅と工事場所には、それぞれ直径約 2 m 以上の大きな動力用円盤があり、山の地形に合わせ数百 m おきに鉄製脚柱を設け、ワイヤー ロープが動力用円盤の回転に伴って回転するようになっている。鋼索には 20 個以上の鉄のフックがぶら下がっており、それぞれの鉄のフックには 200kg の重さのものを積載することができ、両端には物を積み込み、降ろす施設がある。このように物資を輸送するには、わずか数分で到着するが、人を使って運送するには 2、3 時間かかる。

⑪ 発破

隧道を掘る手段は穴を開けて発破を放つことを主とし、技術労働者が長さ 1 ～ 2 m の鋼鉄ドリルに接続し、電力で高速回転させ穿孔し、岩に小さな穴を作り、さらに爆薬を装着し、雷管を接続し、電力で爆発させ、石を砕き、高さ 5 m、幅 3、4 m の作業面を 1 回に 20 ～ 30 個を穿孔し、同時に爆発させる。深さ 5 m、一昼夜に大体 2 回発破をしなければならない。このような作業で、毎日 3 m 前後進むことができる。……

穿孔・発破・機械の把握・修理・電力の制御など、施工におけるすべての技術的な仕事は、いずれも日本人や朝鮮人が掌握している。我々は砕けた石を作業現場から外に運び出し、場所を整理し、目を開

けて行える作業の円滑かつ途切れることなく進行することを保証することだ。砕石の石を運ぶ方法は2本のレールの上を転がす専用の大きいトロッコで外に運ぶことである。大きなスコップで大きいトロッコをいっぱいにし、レールに沿って穴の外に押し出す。山あいの中に倒し、それから戻らせ、また押す。いっぱい積んで山あいの端まで押して、大きいトロッコをしっかり止め、それから木の棒で平板の片面を持ち上げて、それを傾斜させると、砕石は自然に谷に落ちる。

⑫ 隧道の進捗

　隧道は深度進捗に従って、絶えず深い所へ延び、石を出す場所は外へ広がる。石を押し出す小さい軌道も絶えず施工地点の両端に延び、1台の大きいトロッコごとに2人が押して石を運び、他の2人はもっぱら砕石を車に積み込んだ。しかし大きいトロッコには危険性がある。路面が平らではないため、大きいトロッコの台車が乗るレールの上を誰もが歩まなければならない。うっかり足を踏み外してレールから離れると、尖った石、木の棒、鉄の釘、溝に落ちたり、足を捻挫したりする可能性がある。

　隧道の中には電線が通っているが、電灯をつけることは少なく、末端の目を開けて作業する発破現場に行って初めて、電灯照明がある。隧道の他の場所では真っ暗で何も見えない。事故を防止するためには、隧道に入る人ごとに1本の電池灯、……大きいトロッコの前に1本の電池灯をかけ、照明とする。また同時に信号灯でもあり、人が遠くから明かりを見ることができ……防備措置をとることができる。

⑬ 勤務体制と勤務内容

　日本側は工事進捗速度を速め、1年以内に完成するように努力している。彼らは24時間勤務をさせる。機械が止まらない操業体制を採用している。そのため、我々の仲間も昼夜2組に分かれ、昼の班は、夜に寝て朝6時までに飯を食べて、7時に工事現場に着いて、夜勤の

人と変わる。夜勤の人は部屋に帰って飯を食べ寝る。2交替、1交替12時間勤務、10日ごとの昼夜交替勤務である。

　我々は仕事をし始めてから1日も休んだことがない。日曜日も祝日もない。春節（旧暦の元旦）も休ませない。その日の午後に1時間早めに退勤しただけだ。

　削岩して穴を開けて発破することがトンネルを掘る主な手段である。毎回発破した後、一気に砕石2、30㎥が崩れ、作業面に近い長い狭いトンネルに散らばる。できるだけ早くこれらの砕石を運び出さなければ次の作業ができない。我々は石を運ぶ作業を担当しており、往々にして重要な工程になっている。……発破を撃って硝煙が消えたら、すぐにトンネルに入り、すべての人は全力で作業面の周りの2ｍぐらいの砕石を片付け、ドリルを据えて穴を開け始めてから、石を運ぶ準備をする。

　次の穴を開ける前に、砕石を運ばなければならない。そうしないと、作業の進行に影響する。そのため、敵は、工事組織の中で何人もの体が強く、凶暴で乱暴な木の棒をもつ人物を配置し、専門的に管理、監督、催促を担当している。彼らはほとんど革鞭や木の棒を手にし、ずっと中国人労働者の後ろについていて、我々の人が少しでも油断していれば、彼らは革鞭を挙げて打ち、木の棒を持ち上げて殴られた。

　特に工事を始めた段階では、我々はどうすればいいのか分からないし、言葉が通じないから話が分からないので、この仕事がどうすればできるのかよく分からなかった。しかし、人間性を知らない現場監督は、我々の労働者が怠けていると考え、よく人を殴った。……ある河北省塩山人は抵抗性が強く、現場監督が革鞭で殴った時、彼はさっと革鞭を奪って遠くに投げた。現場監督は彼の耳を平手打ちにした。「ガンガン」と打ち、彼を地面に倒れさせた。

　意識を失った状態から正気に返ると、聴力を失っていることに気づき、話もできなくなった。……他のすべての仕事をしている人、特に砕石を運び出す人は、ほとんど受けたことがある行為である。敵の攻

撃は、ただ軽いか重いだけだ。

⑭ 食糧

　敵が我々を日本国に護送したのは、我々を牛馬にしようとしたから
だ。長期的な侵略戦争のため、日本国の人的、物的力は極めて大きな
消耗を受け、特に食物の上では、かなり枯渇しているため、労働させ
ている我々への食糧の供給は極めて悪い。我々労働者に与えられた主
食は米糠で、我々は祖国でこれらの細かい米糠を、飼料として家畜の
餌を与えていたが、敵はこの糠を我々の主食とさせた。いくら糠が細
かくても饅頭等の食品にはならない。（小麦粉にはグルテンがあるが、
他食品にはない！― 引用者註）

　当時日本は我々のすべての食べ物を配給した。最初の頃、1人あた
りの1日の配給量は、糠400ｇ、小麦粉150ｇ、塩7.5ｇ、油2.5ｇ
であった。定量はなく、原則としてあれば与え、なければ与えない。
夏と秋を除き、野菜の最盛期には、野菜とそれ以外も少し与えられ
た。肉類については見たこともない。配給されたこの食糧をどうす
れば良いのか。我々の炊事班に難題が出されている。いろいろに考
え、……比較的良い方法を確定した。定量の3分の2の小麦粉とす
べての糠を使って、蒸して饅頭にする。小麦粉の3分の1を中国式
の水団にして、もし野菜があれば炒め、野菜がなければ、塩を入れ
る。飯にもなるし、スープとしても飲める。

　2、3日後、すべての人が私という炊事班長を探しに来て、食物の
配給量を増やすように求めた。私は、食物の管理を担当する日本人を
探しに行き、何度も交渉を経て、最後にみんなを動員して代表を選
び、日本人に要求を求めに行った。いつもこのような少しの食べ物を
与えられるのでは、我々はこのような疲れた仕事をすることはできな
いと話す。数日の交渉を経て、最後に少し増えた。

　我々は第2中隊全体で、毎日1パックの糠（50kg）に小麦粉（25kg）
を1袋、平均1人2500+250=750ｇの食糧を得ている。これではま

だ完全に満腹になっていないが、でもこれ以上、敵と戦えない。

　これで元の配給量よりほぼ4分の1多くなり、最初は十分に満腹とは思わなかったが、時間が長くなると慣れてきた。つまり、1人1食につき饅頭を4つ、全部で200g、1碗の中国式の水団を配るという定番のレシピは、これで変わったことがなく、1年半も食べ続けた。……

⑮ 衣服

　最初の夏には、中国から持って行った服はまだ破れていなかった。秋になってから、着ていた服は古くなり、色あせて、ボタンが取れて、口が裂けて、すぐに修理することができなかったので、徐々に不都合になって来た。冬に入り、綿入り服を着ていたが、隧道内の多くの所で上から水がしみ出すので、大きいトロッコを押して1日に何度もトンネルの中を行ったり来たりしており、仕事中に服が濡れてしまう。夏は単衣を濡らしても、天気が暑くてすぐに乾いた。冬は綿入り服を濡らした後に穴が開き、時には凍って氷の塊になり、住居に帰って火で乾かすしかないので、新しい綿入れはすぐに役に立たなくなった。

　この状況で、日本側と何度も交渉した結果、大きいトロッコを押す人に防水布をくれた。隧道の中で、水が滴るところに出会ったら、身にまとう。しかしトンネルの中は暗くて何も見えないし、水が滴る場所も離れ離れだった。また多くの場所はぽたぽたと漏れているだけだった。長時間、防水布をかぶって仕事をしていると、不便で蒸し暑いので、服を濡らすという状況は一向に解決しなかった。

　厳冬の季節、天候はとても寒く、労働者たちはすべての服を身につけた。人々は寒くてたまらないので、破れた布やセメント袋紙を拾って身につけて、外に綿入り服を着る。ボタンが取れたら根のついた草を拾って縄にして腰に結んだ。本当に乞食のようだ。他にも、洗濯物を乾かすとき、不注意で服を焼いて穴を開けて、自分で繕うことができず、外面に出すしかなく、綿がないからがらくたの綿を探して、さ

らにいくつかのぼろぼろの草を詰める。本当にかわいそうに見える。

⑯ 日本のキセルの雁首と中国のキセルの雁首の差

　我々の労働は報酬も賃銀もないので、すべてのものは日本人が配給する。喫煙は大多数の人々の嗜好品である。

　我々が日本で仕事を始めてから、日本人は、喫煙する人にキセルの雁首を配った。このキセルの雁首は中国のものよりずっと小さく、刻みタバコをキセルの雁首をいっぱいにしても何口か吸って終わる（筆者の体験上、日本のキセルの雁首だと4吸）。そのほか、刻みタバコは統一して配られ各班に分けた。吸って、また刻みタバコを取りに行かねばならない。しかしキセルの雁首が大変小さいので、タバコを吸うのは手間がかかる。その結果、喫煙する習慣もだんだん少なくなっていった。

図4-5 日本キセルの雁首（○印）

図4-6 中国キセルの雁首（○印）

⑰ 入浴

　我々の住居には、家屋を建てるときに同時に建てられた入浴設備がある。……しかし人が多く、水を汲んで湯を沸かすのに手間がかかり、その後、規則がゆるめられた。誰か風呂に入りたいなら入り、入りたくないならそれで終わりとなった。

⑱ 髪、髭、鬚、髯

　写真は、日本剃刀と中国剃刀の違い。日本に着いてから1、2ヶ月、みんな髪が伸びて、日本人と交渉し、日本人は我々に剃刀2本と砥石を渡した。しかし、日本の剃刀の刃と、我々中国のものとは違う。

数ヶ月後、大変な苦労をして、やっとバリカンが着いた。理髪師がいなくて、最初は使うことができなかった。しだいに誰もが使えるようになった。

数ヶ月後、大変な苦労をして、やっとバリカンが到着した。理髪師がいなくて、最初は使うことができなかった。しだいに誰か、使いたいなら使う。どんなことをしても大丈夫で、どうせ他人が見ているものでない。長い頭を短く切るだけでいい。

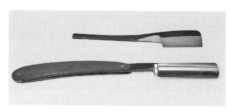

図4-7 日本剃刀

図4-8 中国剃刀

⑲ 労働争議

……1944年8月中旬ごろ、ある日の昼近く、私は住居の前で中隊長の崔儒臣（さいじゅしん）が工事現場から怒って帰って来るのを見た。彼は顔色が非常に悪く、鼻の穴に血痕があったようで、服も破れ、ズボンに土が付き破れて穴が開き、けんかをしたように見えた。

……彼はやっと私に言った。「工事現場で何人かの日本人と朝鮮人が、私を殴った。くそっ、生きていけない！」 もともとは、彼が、工事現場で日本の親方が我々を殴った人を見て、止めに入った。凶暴な敵は、彼の干渉を許さず、手当たり次第に彼を殴った。彼が、自分は中隊長だと説明した時、相手を更に怒らせた。その人物はまた何人かの日本人を呼んで崔儒臣をひどく殴った。事はこのように単純で憎らしい。

私は当時住居にいた班長と何人かの活動能力のある人を見出し、一

緒に考えたが、その時意外にも崔儒臣が殴られたことを喜んでいる人がいて、「彼は我々の仲間をたくさん殴ったが、今日は殴られる味を味あわせた」と言った。私はこの事件のために虐待に抵抗する闘争を組織すると言った。決して中隊長1人の仇を討つのではなく、団結して力を示し、敵の我々に対する残酷な虐待を減らすことができるのは良いことだ。そこで初めて、みんなが立ち上がること重視し、一致することに同意を表した。

　考えて、すぐに請願申請グループを設立し、合計10人とした。私がチームを率いて下山して駅に駐屯している飛島作業所（対岸の崩越<ruby>崩越<rt>くずこし</rt></ruby>の現場事務所所在地。我々の工事現場の総指揮を担当している）に行き、我々が受けた虐待を訴え、犯人を処罰し、彼らの指導者に解決を求めた。そして、私と班長（彼は日本語が少しできる）が主な代弁者になり、みんなに協力して声を上げることを約束した。みんなの気持ちが大変高揚したので、すぐに出動した。

　……我々のグループが工事現場の事務室の部屋の後ろに着いたとたん、部屋から2人の日本人が出てきた。その中の1人がこの工事現場事務室の責任者の佐藤で、彼は簡単な中国語ができる。彼は近道を回って山の斜面から駆け上がってきて、我々を止めて、「何をしに行くのだ？」と問うた。私は彼に言った。「我々は飛島組さんに、あなたたちを訴えに行きます。今日、我々の中隊長を殴って怪我をさせました。今は部屋の中で横になって動かないので、我々全員が怒っています。一致して我々を代表に選んで、飛島さんを探しに行くことになった。……」　佐藤は我々みんなの怒りの表情を見て、心を静めて穏やかに我々に言った。「このことを我々は既に知っている。電話で作業所に報告した。私はまた電話して、彼らに医者を派遣してもらうことを依頼する。あなたたちが作業所に行く必要はない」。我々は同意しなかった。必ず飛島組さんを探す必要がある。みんなも一緒に騒ぎ立てた。佐藤はまた、「飛島組さんは午後から来るから、また電話で催促してもいいから、頼むから住居にまず帰って飛島さんを待ってくれ

……」と言った。

そこで飛島さんは必ず来るのかと聞いた。もし飛島さんが来たら我々は行かなくても良い。もし彼が来なければ、我々は明日仕事をしない、全中隊は作業所を去った。どうだろう？　佐藤は午後必ず来ると約束し、しかも医者を連れてくるので、隊長にゆっくり休んでもらいたい、と言った。

我々が帰って状況をみんなに話して、さらに考えて、佐藤の態度から見て、彼らも我々が本当に騒ぐのを恐れている。彼らの工事の進度に影響を与え、彼らは表面的な譲歩をするかもしれない。もし飛島組が来たら、我々10人で対応し、私は飛島組責任者と話をして、他の人は部屋の外で情報を聞き、必要な時に全員で支持を表明することができる。もし彼が今日来なければ、明日はストライキをして、朝食を食べてから全員で山を下りる。そして明確に以下の要求を提出した

1．負傷中の隊長を殴った犯人に対して処罰しなければならない
2．過去の理由もなく虐待を罵倒したことに対して、公に謝罪しなければならない。
3．今後人を殴ったり虐待したりしないことを保証する。
4．中隊長に殴られた人、特に障害を起こした人は、徹底的な治療をしなければならない。

午後3時、飛島組は作業所の2人と佐藤、1人の警察官と医者を連れて、我々の住居に来た。……彼らは先に崔儒臣のベッドの前に着いて、腰を曲げてお辞儀をして、「隊長！隊長！」と、何度か叫んだ。しかし、崔儒臣はベッドに横になって目を閉じて相手にしなかった。私は第2班長と共に彼らに対処し、「中隊長は寝たばかりなので、こちらへ話しに来てください」と言った。彼らは持ってきた何箱かの紙タバコといくつかの果物を崔儒臣の寝床の上に置いた。私は日本語が分からないので、基本的に佐藤が日本語で彼らに紹介して、私は機会に乗じ、我々中隊全体がよく虐待されている状況、特に殴られて不具になったことを詳しく説明した。それを佐藤が飛島組に翻訳した。

　その時、部屋の外には我々の人々がいっぱい立っており、みんなは日本側に我々が事前に約束した4つのことをするように要求して、私はみんなの意見を総合し、飛島たちに正式に提案した。

　彼ら数人は長い間一緒に相談していたが、最後に佐藤は我々に「過去にあった、監督が人を殴ったのは間違っていた。今回は中隊長を殴ったのだから、なおさらである。我々は人を殴った人に中隊長とあなたたちに謝罪させ、今後人を殴る事件が起こらないように教育を強化しなければならない」と述べた。私はこの話を、すぐに屋外に立っている労働者に伝えた。みんなは心の中で喜んでいるが、「言うことは当てにならない。いつ我々に謝りに来るのだ？　これから人を殴った人はどうするのだ……」と叫んでいた。

　日本人は答えた。明日午前中に、人を殴った人を連れて来て、中隊長に謝罪する。明日の午前中にその日の夜勤ができるようにする。問題が処理されてから出勤する。我々によく仕事をしてほしいと約束した。工事の進度に影響を与えてはいけないと考えたわけである。

　第2日目、みんなは仕事に行かず、8時過ぎになると、彼ら5、6人が来て、その中には2人の警察官が昨日中隊長を殴った主犯を連れていた。……そこで、全中隊はすぐに集合して、半円形に立って、まず佐藤がみんなに言った。「過去のこの件は、我々の教育ができていなかったので、ある人は道理をわきまえず、人を殴って、みんなに苦痛を与えた。さらに悪いことに、昨日あなたたちの中隊長を殴ってしまった。私は今日、人を殴った人を連れてきて、中隊に謝罪します。今から全員に謝罪の札を示します」。そう言って、警察はその人を隊列の前に連れて行って、我々の隊列の左、中央、右にそれぞれ3回深いお辞儀（中国人の礼儀 ― 引用者註）をして、そして簡単にいくつかの話をした。佐藤が翻訳し、殴った人物は、過去のことはみんなに申し訳ないと言った。みんなに苦痛を与えた。今後は必ず人を殴らない。殴った人物はまた続けざまにお辞儀をした。佐藤はまた、これからはみんなで一丸となって仕事をしていきたいと話した。

……最後に私がみんなに話した。「今日、佐藤は、我々を殴った人に謝罪させた、今後は人を殴らないと言っている、私はこのことが1段落すると思う。しかし、我々は日本に来て仕事をして2ヶ月が経ったことを思い出してみよう。我々は満腹にならず、暖かくならず、毎日苦労して、牛馬にも劣らない生活をしていて、彼らに殴られているのはなぜだ。

　我々は今後も団結しなければならない。もし理由もなく我々を殴った人がいたら、その人と戦う。我々は今、祖国を離れ、故郷を離れ、家族と離れている。皆さんは自分の体を大切にし、仕事をするときは事故が起こらないように気をつけてください。いつか、祖国に帰って家族と再会しなければならない」

　……中隊が解散してそれぞれ住居に帰ってきてから、みんなの気持ちはかなり複雑で、興奮も苦しみもあった。興奮したのは今日の日本人が我々に公に謝罪し、我々を苦難の心を少しは満足させる喜びを得たことである。しかしみんなが故郷を思って、家族を懐かしむ気持ちを呼び起こし、多くの人が辛酸の涙を流した。

　この闘争を通じて、日本の監督者が我々を罵倒する現象は、短期的に大幅に減少し、労働者の肉体的苦痛を少し軽減させた。さらに喜ばしいことに、中隊長の崔儒臣もこの闘争を通じてあり方を変え、その心の中にかかわらず人をののしる現象は珍しくなった。

⑳ 逃亡

　1944年7月、ある夜、夜中過ぎ3〜4時、……武栄海という労働者がいた。ソ連にも行ったことがあり、社会経験があり、おしゃべり上手で、知っていることが多いと言われていた。天津一帯で商売をしていたとき日本軍に逮捕され、八路軍のスパイとして北平西苑俘虜収容所に送られた。それから我々と一緒に日本へ働きに行った。

　彼は日本での苦労を本当に耐えられない。彼らの幾人かの同郷の中で秘密裏にグルになり、ここから脱出しようとしている。その目的を

達成するために、彼は東北で商売をしていた時、敵に一度捕まって日本に派遣されて労働者になったことがあると言った。

　……彼の言うことは筋金入りで、……一緒に逃げることにして、そして詳細な計画をして、10 日間で準備をした。主に食べるもので、1 人 1 回饅頭を節約し、風呂敷を用意し、必ず秘密を厳守し、そして服と靴の靴下を用意し、事前に 3 ～ 3.5㎞の道がある丘の上の小さな寺を選び、彼らの出発の集合場所とした。……1 人は寝すぎて目を覚まさなかった。彼が目を覚ましてみると、もう 12 時になった。彼は急いで起きて、1 人で小さな寺に向かって走って行ったが、精神的に慌て、また道を間違えたため、ずっとその小さな寺を見つけることができず、朝 3、4 時まで、本当に他の 4 人を見つけることができず、やむなく住居に戻った。その時、中隊の人々が彼らを探していた。……

　日本人は各地の民衆と自衛組織［草の根のファシズム / 吉見義明 / 87 ～ 97 頁］にあちこち探してもらうように通知し、4 日目の午後、100 ㎞以上の外で彼らを捕まえた。その後すべて日本の北海道に連行され、犯罪者、囚人、流刑者のために組織された工事現場（地崎北海道という俘虜懲罰収容所）で働いたという。

㉑ 火葬

　1944 年 6、7 月、我々の中隊の年齢が最も小さくて、体が最も弱い労働者は、突然病気になって、初めはめまい、発熱、嘔吐、吐き気、昏睡、でたらめを言う、食べない、飲まない、意識がはっきりしない等だった。すぐに病状が悪化し、3、4 日後の朝、呼吸を止めて、亡くなった。すぐに工事事務所に報告したが、善後をどうするかは、日本人の手配を待つしかない。……

　午後 2 人を探して納棺を行ったが、この棺は薄い板で打ち付けられたもので、長さは約 1 m 2、30㎝、幅、高さはそれぞれ 5、60㎝だろう。死者は痩せた青年で、幅、高さは問題ないが、1 m 30㎝の長

さにはどうしても安置できないので、中隊長は死者のすねの骨を折っ
て曲げ、棺の中に力を入れて押し込んで、棺の蓋を打ち付けて終わっ
たのだった。夕食後、部屋にいたすべての人が出て死者に簡単な告別
式を行い、その後、私は10人ほどの人を連れて案内人の日本人と共
に山に登った。我々は棺に木の棒を縛って2人で担いで歩き、工事
事務室前を通っている間に、案内人の日本人は事務室に入り鉄棒を2
本、熊手、ガソリンを1本持ってきた。山に登り始めた時、太陽は
もう山に落ち、空はますます暗くなり、山道は険しくてとても歩きに
くかった。棺を担いでいる2人は、棺に高低があると担ぐのがなお
難しくなった。遠くまで歩けず、次々と2人を交代しなければならな
ない。交代で担ぐので、歩くスピードはとても遅く、大体夜10時過
ぎになってやっと目的地に着いたと言える。

　ここは高く孤立した山の頭で、山の周りは森で、この山頂だけは裸
になっている。山頂の真ん中には、すでに掘られていた長さ1m7、
80㎝、幅5、60㎝、深さ2、3㎝の溝があり、溝には半円形の鉄格子
があり、溝の両側に固定され、地面から3、40㎝高くなっている。こ
の溝は、周囲に最も近い樹木から20m離れており、死者を火葬する
ために用意されている。我々は両側に立って死者に3回深いお辞儀
をして、最後の別れをした。それからまた薪を見つけて死者の体に置
き、最後に死体を完全に薪で埋め、1、2mの大きな薪の山になるま
でにした。日本人はガソリンを1本の薪にこぼし、マッチで火をつ
けた。

　最後に、薪はすべて燃えてしまうが、人体がまだ燃え切っていない
ときは、すべての火をそこに集めて燃やし、必要なときには薪を加え
て、燃え尽きるようにすることが求められた。……住居に着いたのは
もう夜中の3時過ぎだった。

　2日目の午後、私と同じ日本人が山に行って骨を拾いに行った。
……我々は木の棒で薪の灰の中をひっくり返して、骨を見たら拾っ
て、小さな箱の中に入れて、さらに探し続け、長い間探してやっと

20 数個の骨の塊を見つけた。……みんなが見て釘付けにし、上面に白い布をかけ、それから毛筆で死者の名前と出身地を書いて、中隊長のいる住居の壁には、骨箱を置く板があって、1 年後、この居住地を離れる時、上には 7 つの骨箱があった。

㉒ 秘密裏の中国共産党亡命支部創設

　我々のこの出国労働者 300 人のうちの大半は俘虜になった八路軍であり、その 1 部は地方幹部、あるいは八路軍の友人であり、明らかにこの中には俘虜になった共産党員がいるが、秘密にされているだけだ。……

　私は第 2 中隊に分かれ、炊事班長を務めて、徐々に活動を始めた。8 月初めになって、俘虜党員グループを創立して、グループを建てる過程は、ほぼ三つの過程に分けられると、考えた。

　第 1 段階は、まず調査を行うことだ。……我々第 2 中隊の 96 人のうち、俘虜になった中国共産党員は 9 人であることが分かった。

　第 2 段階はお互いの心を打ち明けること、党員の具体的な状況を知ることだ。……これには心の通じた接触が必要なので、少数の人だけを探して話をするのは容易ではない。

　第 3 段階は党グループを正式に設立することだ。……我々が秘密裏に検討した結果、現在問題のない 7 人を先に吸収し、残りの 2 人はしばらく吸収しなかった。……

　秘密の議論の中で以下のいくつかの問題を明らかにした。1944 年 8 月 1 日を正式にグループを設立する日と確定するとした。俘虜となった党員グループが設立された後、みんなは認識の面で向上があり、悲観的な気持ちは大きく減り、勝利の自信は大いに強化された。……

　日本当局は当時、我々が行っていたこの工事を非常に重視しており、あらゆる代価を惜しまず、1 年以内にこの長い隧道を貫通させようとしていた。我々の中隊の工事に必要な物資は、すべて時宜を逸せず、絶えず高架索道で工事現場に運ばれてきた。

1944年10月初めのある日の午前、上空の高架索道が、我々の作業地点の工事場で、突然「ごろごろ」と大きな音がした。隧道のワイヤーロープを固定していた特大のホイールが飛び出し、ワイヤー ロープの巨大な力によって、本来あるべき山頂近くの元の位置から滑り落ちた。遠く山の斜面に投げ出され、太いロープが山頂に固定されていた支柱に沿って滑り落ち、そして大きな不気味な音を立てた。密接に終点に近づいたいくつかの大きな高架鉄塔も倒壊や傾斜した。まったく意外な事故が発生した。幸いにもホイールの前には人がおらず、死傷者は出なかった。現場にいた労働者全員が手を止めた。

　高架索道が崩落して物資を供給できなくなったため、工事は中止せざるを得なかった。日本の事務所はすぐに応急修理を組織し、結果として数十人を動員して20日以上働かせた。これは、工事の進度を数十日遅らせた。その後、聞くところよると、党員がやったそうだ。ある時、この党員は夜勤をしていて、敵が気づかないうちに、大きなスパナでいくつかのねじを緩める方向に2回廻して、2本の赤い線をまだつながっていて、外からは何の変化も見えないようにした。この行動は短期間で何の結果も起こさず、結果が出るかどうかも分からなかった。彼は党組織に報告しなかったので、みんな、最初は知らなかった。事故が発生した後、彼はこんなに大きな損失をもたらしたのを見て、なおさら言えなかった。事故の数十日後になって、敵が労働者を追跡する気がないのを見て、彼はやっとこっそり私にこの状況を報告してくれた。もちろんこの事故がそのために起こったのかどうかは、言い難い。しかしすべての日本人が事故で表現したような不運な姿、いらだちの表情、工期の遅れを見て、我々は心から微笑んだ。

　我々、今回日本に派遣された労働者300人のうち、大部分は俘虜になった八路軍と解放区の労働者と農民で、しかも共産党員の一部がいた。日本に行く汽船の上で、私と楊子明、趙毅敏という俘虜になった党員幹部は、党組織の構築について議論したことがある。しかし、日本に到着した後、三つの中隊に……趙毅敏を第1中隊に、私を第2

68

中隊に、楊子明を第3中隊に分かれた。隧道が通じない前に、三つの中隊は互いに連絡がなく、行き来することができない。誰も他の2中隊の状況を理解しておらず、各隊の中の活動家自身が行動して組織するしかない。

　1945年2月13日は春節（旧正月）で、除夕（大晦日）の夜に大隊長に新年の挨拶をするという名目で、トンネルを通って第1中隊に着いた。大隊長の商慶祥に会って、彼に新年の挨拶をするとともに、第1中隊の……特に八路軍の人員にも祝賀、慰問を表した。趙毅敏と情報を交換した。……私はその夜第2中隊に帰らなかった。翌朝、楊子明は第1中隊に来て、我々は顔を合わせて、第3中隊が1944年9月に党グループを設立したことを知った。そして元旦の夜、第1中隊の趙毅敏も彼らの中隊の俘虜党員11人で正式に党グループを設立した。そこで今度は統一された組織の構築を検討する必要がある。

　私、趙毅敏、楊子明はすぐに秘密裏に顔を合わせ、統一組織の構築を検討した。彼らは2人とも積極的に賛成し、早ければ早いほど良いと述べた。今日は元旦であり、統一組織を設立するのに最も理想的な日だとも述べた。……

　商慶祥は聞いた後、かなり興奮して、自分が共産党員であることを忘れたことがない。いつか党の懐に帰ることができることを望んでいたと言った。私はとても喜び、すぐに彼と楊子明、趙毅敏に会った。我々4人は屋外の小さな山の斜面の森に行って、地面に座って、正式な会議を宣言した。……

　これで三つの中隊の俘虜党員の統一組織「中国共産党海外亡命支部」が正式に設立された。会議が終わった後、私と楊子明はその日の午後、それぞれ第2、3中隊に戻り、機会を見つけて支部委員の精神を党員に伝え、俘虜になった党員の士気と精神を大いに鼓舞した。

　（以下、略。その後この支部は御岳を離れた後、画期的な活動をするだろう。①〜㉒のタイトルは引用者がつけた）［二戦擄日中国労工口述史／245〜343頁］

（6）日本人の証言

ここでは衣服について触れておこう。

・三浦とめさん：滝越区

○ 服は着たままで１年いた。しらみがわくような服を着たままだった。手、足の出るようなものを着ていた。服がやぶれるとセメント袋をつぎあてた。なんきん袋を足にまいていた。

○ 破れたものをぬうために針や糸をもらいに来た。黒いわたのはいっているような物とを着ていた。冬はすべるので足になわをまいてやった。

・亀子宗平先生：医師

○ 中国から着てきたものをずっと着ていた。

・松原誠一さん（当時助役）：東区

○ 中国から着てきたものをずっと着ていた。着がえは若干持ってきていた。

○ 冬は防寒具を着ていた。一部の人は、はだしでいた。衣服の支給はあった。冬は服がなかったわけではないので凍死したということはなかった。

○ 一部の人はセメント袋をつぎあてていた。全員がはだしでぼろぼろの服であったわけではなかった。

・三浦まつゑさん（当時　柳ヶ瀬区）：下条区

○ 冬には、わらぐつをはいていたが雪玉がついてやっと歩いていた。

○ 班長は、並の服装をしていたが、その他の人は、ぼろぼろの服でセメントだらけだった。

• 三浦広太郎さん
○ 冬は夏と同じ服で何も着ていなかった。寒いのでセメント袋をかぶっていた。日本人とあまり変わらない服装だった。
［王滝中学校、朝鮮人の強制連行 / 8〜9頁］

第5章　御岳発電工事・鹿島組

（1）鹿島御岳の概況

　王滝川の王滝村、三岳村の村界は、樽沢と三郎沢の間にある。そこまで東から飛島組、西側は鹿島組が掘鑿している。いずれの中国人飯場も山中にあった。さらに西の大沢の飯場は王滝川岸辺にあった。大沢の飯場から途中の滝を巻いて隧道の掘鑿に毎日登下降していた。余水路排出口に中国人飯場があり、発電所上部水槽への吐出口への工事及白川上流から御岳発電所への隧道を掘鑿している。

　隧道は上部水槽へ水を吐出する。余水路は上部水路に集まった水の

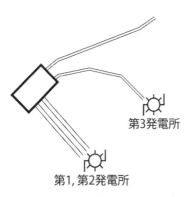

第3発電所

第1, 第2発電所

図5-1 御岳発電所概念図は筆者作成

図5-2 御岳第1、2発電所

図5-3 御岳第3発電所

余分を白川に放水するもの。導水路は、三本とも直径約2mの鉄管である。有効落差は229m。発電所を含め、これらの設備は、すべて朝鮮人、日本人がつくった。中国人はただ隧道を掘るのみ。

（2）朝鮮人の強制連行

鹿島組は2,673人の朝鮮人を労働させているが、そのうち強制連行（官斡旋が910人、自由募集が1,763人）である。そのうち566人が逃亡している。[朝鮮人強制連行調査の記録：中部・東海編／156頁]

その証言者、

図5-4 呉鳳煥
（柏書房『朝鮮人強制連行の記録〈中部・東海編〉』より）

① 呉鳳煥（オボンファン）：1925年生。15歳の時に全羅南道長城郡（チャンソン）から。

朝6時から夕方6時までのきつい労働だった。賃金は支給されたが、みんな親方が預かったので、貰わなかったと同じだった。現場は7号といって飯場が2つあり親方は日本人で、湖の向こうには中国人が働いていたようだ。朝起きろというので「眠いな」と朝鮮語で言ったら、文句をいったと思ったのか、いきなりぶんなぐられた。そこで、こんな所にいたら殺されてしまうと脱走を企てた。

山を1時間ばかり下ったところの集落まで時々米を背負いに行くので道は知っていた。捕まったら最後だ。冬の午前2時頃だったか、こっそり抜け出て雪道を走った。衣服は凍りついてガサガサと音がし、足は凍えて覚えもなかった。木曽福島まで来たが警戒が厳しいので、次の駅（上松駅と思われる ― 引用者注）まで逃げた。幸いそこの駅員が休ませくれて体を暖め、一番列車に乗って松本まで逃げ、……松本飛行場の工事現場に入り込んだ。[原山茂夫聞き取り：朝鮮人強制連行の記録：中部・東海編／157〜158頁]

図5-5 辛沃善
(「長野県強制労働調査
ネットワーク」より)

② 辛沃善：慶尚北道安東市。

　1944年の夏（旧暦で6月7日）、面事務所から「徴用令状」をもらった。令状は文字が読めないので読んでいない。面から25人行った。釜山から下関まで船で行き、下関から44ヶ所の駅を通って木曽に行った。到着した駅のそばに「クリサワ」という鉄橋があった。作業所に来て初めて鹿島組の現場とわかった。現場で働いているうちに朝鮮人は700人ぐらいいると知った。中国人も同じぐらいいた。

　「新本」という朝鮮人が監督をしていた。給料はもらったが新本がピンハネしたので少なかった。食事代も取られた。1日60回ぐらいセメントと砂をこねる仕事で、きつかった。途中で風呂焚きの係にしてもらった。1つの部屋に10人ぐらいが寝た。現場には監視として憲兵が1人いた。現場では金属類に押しつぶされたりして何人かが死んだ。板の間で毛布が2枚、寒かった。戦争中の待遇は、日本人が1番、朝鮮人が2番、中国人が3番という順番だった。

　とても記憶にとどめておきたくもないひどい目にあった。なにも誇りになるわけでなく子どもたち話すことはしなかった。[2001年11月23日聞き取り、小島十兵衛氏提供]

（3）中国人の強制連行

　注目すべき点は、

① 三次にわたる移入者の状況について未記入、不詳としている事。

② 健康状態が非常に悪い。病人55人（病名不明）と眼病126人。その症状を持ったまま入国検疫を済ませた日本政府当局にも責任がある（後に証言で見るであろう）。

　鹿島御岳は、2隊編成で700名の中国人を労働させていた。中国人証言を総合すると、第1次の部隊は石家荘俘虜収容所からの部隊で、

図5-6 鹿島御岳の移入集団別素質(付表参照)

番号	事業場名	出港地(乗船名)出港年月日	乗船数	上陸地上陸年月日	移入数	出身地	数	最高	最低	平均	家族	職業	前歴	教育	健康
(42)	飛鳥御岳	塘沽 栄光丸 19.5.5	289	下関 19.5.11	702	主として山西	未記入	50	15	未記入	不詳	不詳	旧軍人(八路軍、山西軍、中央軍)	不詳	病人55 眼病126
		青島 ブレト号 18.10.11	100	門司 19.10.18											
		塘沽 (空欄) 19.5.5	313	下関 19.10.25											

張光耀(西安人)が大隊長であった。3中隊に分かれ、中隊長の1人は張天恵(八路軍)、もう1人は劉六(偽名、漢奸＝売国奴)、さらに関東発(偽名、八路軍)であった。山上に住まわされた、という。三郎沢と思われる。

10月18日に連行された第2次移入の部隊は河南省の100人で、一小隊長曹竹(漢奸＝売国奴)で組織された。大沢に住んだと思われる。張光耀大隊長の配下に置かれた。

第三次移入の部隊は、大隊長を李玉蘭と言い、10月25日の太原からの部隊で、第2隊が形成されている。300名がいた。指導員を徐茂臣(偽名 徐強)という。一般に指導員は共産党を統括する立場にあった。徐茂臣がそのように行動したか定かでない。山の下の余水路という地に住まわされた。

残念ながら、青島発門司着の証言者は発見できない。

(4)張光耀大隊長による鹿島御岳の状況

1943年杭州大学華北分校で学習。党中央幹部。偽名は張天恵。

① 中隊の住まい

中隊はそれぞれ粗末な小屋に住んでおり、周りには鉄条網、電気網

が囲まれており、台所は鉄条網の外にあり、朝鮮人が料理を作っている。毎食は米糠に東北産大豆を混ぜた窩頭と、1杯の湯だ。また、顔を洗ったり足を洗ったりはできないし、風呂もない。朝鮮人は監督工で、毎日工事を手配して、労働を監督する。

② 労働の種別

　労働者は3つの職種に分かれており、ある人は、隧道を掘り、手作業もある。ある人は、シャベルを用い、隧道内の土砂を背負って運び出した。別のある人は、山下からセメント袋を背負って山に登り、隧道で使用する。労働強度は非常に大きく、労働方式は極めて原始的である。……

③ 衣服の状況

　当地の冬は大変寒いので、労働者たちはそっとセメント袋の紙を点検し、手で揉んで柔らかくし、セメント袋から外した紐でセメント紙を体に縛って、外にはぼろぼろの服を着て、少し寒さを防ぐようにした。しかし、これは発見されないようにしなければならない。そうしないと監督工（朝鮮人）と日本人に殴られる。労働者の中には飢えと寒さに耐えられず、死人が絶えない。

　日本人は労働者が死んでしまうのを恐れ、外から古いフェルトを手に入れて、労働者1人分に切り、夜は無理に体を包む。……張光耀は時々小屋の中に来て、……我々に機動的で柔軟で、できるだけ実力を保存して、みんなを守り、将来祖国に帰ることができるように注意するよう言った。

④ 日常の闘争方法
・ア　ケンカ

　我々の生活はとても苦しくて、日本人、朝鮮人は米を食べ、中国人は米ぬかを食べ、油、塩、野菜は全くなく、病人は治らず死者は増

え、我々は上下相談して、一致してケンカの方式で闘争することに同意した。日夜すべてケンカし、毎日ケンカして、ストライキによる破壊など、主に日本と朝鮮監視工の中で最悪の人物に打撃を与えた。

その時、我々はとても団結していて、例えば山の上のケンカを聞いて、山の下の人はすべてケンカに参加し、山の下でケンカがあれば山の人は、山の前の山の後ろにかかわらず、すべてケンカに出た。幹部は参加しないで、ケンカを聞いてそのあたりを歩き、ケンカが終わるのを待ち、仲介人（実際には叫んでケンカしている）になって、何かあれば幹部が妨げる。

• イ　サボタージュ

もう一つの闘争方法は、仕事をサボって、ゆっくり働き、早く終わることだ。我々がひどく騒いだことに加えて、敵が漢奸（売国奴）を買収したことで、我々の大中隊長はみな刑務所に連行され、その後、我々700、800人を別地に移動させ労働させた。

労働者は鬱憤を晴らすために、ある人は監督工が見えないうちに、わざとセメント袋を破いてセメントを崖の下に落とした。故意に道具を捨て土の中に埋めたものもある。[二戦擄日中国労工口述史／50～51頁]

図5-7　趙子清
（齊魯書社『二戦擄日中国
労工口述史』より）

（5）中国人の証言：さまざまな抵抗運動を行っている

① 趙子清：山西省新絳県一泉鎮清風庄。

労働者たちは重労働をしていて、満腹にならないと、日本人に抗議し、生活の改善を要求し、最後に日本人は毎日1人の労働者に「糠卵」を増やした。この「糠卵」は、米をひいたときに2回目にふるった細い糠を使った糠団子で、食べてみると渋くて酸っぱくて飲み込みにくい。[二戦擄日中国労工口述史／27頁]

図5-8 張考生
(齊魯書社『二戦搗日中国
労工口述史』より)

② 張考生<ruby>張考生<rt>ちょうこうせい</rt></ruby>：1915年生。山西省左権県石箱郷林
河村出身。

　大雪の後、「眼鏡張（張光耀のこと─引用者
註）」の指導の下で、みんなはストライキをし、
やっと綿のチョッキを手に入れた。[同書 / 35
頁]

③ 範長明<ruby>範長明<rt>はんちょうみん</rt></ruby>：1918年生。農民、河南省長葛県古郷固賢村人。

　我々の隊長張天恵（張光耀の偽名─引用者註）は惨めで、ほとんど
骨と皮になった。我々が仕事をサボっていると、日本の監督工が来て
働いている様子を見る。来なければやらない。そこで専門の見張りを
立てた。夜、我々は日本人の機械、機械部品を壊し、針金を地面に埋
め、わざと故障を作り、生産に影響を与え、我々の恨みを晴らした。
1年以上の苦しい労工生活だった。[同書 / 73頁]

④ 馬海生<ruby>馬海生<rt>まかいせい</rt></ruby>：山西省太原市晋源区姚村人。

　中国人は死にすぎて、みんなも働きたくなくなって、仕事をサボり
始めた。どうせ死ぬんだと思った！　毎日トロッコを押すときは、時
間を十分にかけて押す。仕事が多すぎると、仕事をやめる。トロッ
コの押し手が行先を見失なったのではなく、トロッコが押されて溝に
入って動かなくなったのだと言った。[同書 / 65頁]

⑤ 徐茂臣（偽名は徐強）：1915年10月15日生。河北省任邱県大保村。

　私は一目でだめだと思い、このままでは人々を飢えさせてしまい、
人々は仮病を使って交代させることを求めるだろう。日本の監督工と
交渉して、食事を改善し、定量を増やし、労働時間を短縮することを
求めた。[同書 / 80頁]

78

図5-9 石錫銘
（「松本強制労働調査団」より）

⑥ 石錫銘：1926年6月生。河北省衡水県石家
新庄村出身。

　木曽にいる時、中国の労工が色々やったこ
とは事実です。その目的、指導方針は、私達
が無事で生きて中国に帰る事でした。その事
をとても強く望んでいました。生きるために
色々やりました。ただ腹一杯になりたい、た
くさん働かされるから一杯食べたい、生きた
い、という事です。

　仕事は朝4時頃に起きて夜は8時、9時、夜10時頃まで働かされ
ました。大体平均して毎日12〜14時間位働かされました。食事は、
ジャガイモの茎の粉や小麦粉やヌカなどで作った蒸しパンのようなも
ので、1日3食でした。1食は250g位になるかならないかの量でし
た。小食の人なら身体を維持できますが、たくさん食べる人は腹一杯
になりませんでした。おかずはあまりありませんでした。味噌汁や大
根の漬物をくれたことがあります。しょう油と塩は月に1、2度くれ
るだけでとても足りませんでした。野菜がないから野生の草や山菜を
取り、ゆでて食べました。労工達の体は日に日に衰弱していきまし
た。

　朝鮮人の監督が「今日はこれくらいの量の石を運べ」とその日の仕
事の量を決めました。それができないと、遅くなってもできるまで帰
れませんでした。夜12時になった時もあります。

　おなかが減って栄養不足で野菜もなく、労働で酷使されて半年ほ
ど経つと、病人もたくさん出て身体的にも精神的にも我慢できない
ような状態になりました。そのために大隊長（指導員の誤り。以下同
じ。― 引用者註）の徐強さんや大隊長の李玉蘭さんなどは、日本人の
監督と交渉しました。もっと食べさせてくれということを言いまし
た。日本人は、……いい答えを与えませんでした。その時に我慢でき
なくて、体もだめになって、ストライキのような事をやったことがあ

ります。監督に「今日はどうしても起きられない」といってストライ
キして交渉すると、食事を出してくれたり、少し休んでもいいと、甘
くしてくれたこともあります。甘くして後でまた脅す、といったよう
に監督達はアメと鞭という方法で労工達に対応しました。［訪中調査報
告集 1995・8・17 〜 24 / 14 頁］

（6）強制連行外国人への初めての「治安維持法適用」＝ 木曽谷事件未遂

① 鹿島組の「事業所報告」によると、以下のように、1944 年 10 月 29
日の第三次移入俘虜部隊について、で述べている。

　「県警察部より華人係警察官 6 名配属され、治安警察の立場より厳
重なる取締りを実施、労務管理は主として警察官吏の掌握するところ
となり、事業所側は警察官の指揮命令下にあり、極めて小範囲に於て
華労指導並びに管理に当たりたるにすぎざる状況にありたり。

　警察官の取締厳重をきわめる結果は、華労の不平漸く高まり、第三
次華労入所後、作業所内或いは宿舎内において不穏の言辞を弄し、或
いは工事用鉄棒を以て先端を捻状にこしらえ、之を各自、杖として日
常使用するがごとき形勢をかもし、たまたま 1945 年 3 月 26 日ごろ、
華労数十名、徒党を組み、鹿島組倉庫に侵入、タバコ、食糧等を大量
に盗みたる事件あり。

　また 1945 年 3 月 28 日乃至 4 月 2 日にかけて、華労幹部 11 名、警
察に検挙せられたる事件あり。

　これらの事件の内容は、後日、警察官よりの語る所ならびに彼らの
自供によれば、指導員徐強（徐茂臣の偽名）らによって計画せられた
る当工事発電所爆破計画ならびに、警察官、日発会社（日本発送電株
式会社）社員、鹿島組社員等の幹部を殺傷せんとする計画の予備行為
の現れなりし由……」

　「華労中の約半数は俘虜にして、共産党員数十名在籍せり、在籍共

産党員にして華労の指導者たる徐強は、中国共産党の指令にもとづき、日本国内撹乱を計画、在籍労務者全員を指導、教育、発電所爆破、人員殺傷未遂事件を惹起せり」

　この事件で、「治安維持法ならびに国防保安法違反および戦時生産事業妨害」によって検挙されたものは、徐茂臣、李玉蘭、韓茂才、王鴻章、張光耀、任樹林、厳志学、石錫銘、蒋克強、司方棟、厳忠発の 11 人だった。これが事件の公式概要である。[長野県における中国人俘虜殉難の事情と慰霊実行の中間報告 / 27 〜 28 頁]

　1945 年 6 月発生の秋田県花岡事件でも「中国共産党の指示を強調する」[花岡事件と中国人 / 野添憲治 / 136 頁]。その理由は、治安維持法で外国人を立件するためである。当時日本にいた中国人が中国と連絡できることは、あろうはずがない。

② これへの反論：石錫銘の証言

　……労工達が破壊したとか、蜂起したと言いますが、あれはまったくウソです。破壊したことはないです。……労工達はこのような闘争を 5、6 回やりました。たくさん食べさせてもらったときはたくさん働きました。腹が一杯になるよう少しでも食べ物をもらうために、たくさん食べさせてくれれば働くという姿を日本人に見せました。

　色々な方法によって生活の面では少しは改善され、食事も増えましたし、中国の労工達もたくさん働けるようになりました。でもその間に労工達の内部はめちゃくちゃになって矛盾が出て、内乱がありました。これは日本人が故意に挑発したのかも知れません。何かを破壊したというのは全くデタラメです。信じられなければその現場を調査して欲しいです。何も破壊しませんでした。

　私はその時共産党員ではありませんでした。このようなストライキなどの方法で日本人と交渉したのは、生きて中国へ帰りたい、いろんな方法で、生きるためにという気持ちで、中国人のためにやったのです。私は労働者、駅員で、共産党員ではありませんでしたが、大隊長

の徐強さんや李玉蘭さんは本当に共産党員でした。しかし、共産党員であっても、あのとき中国の労工達を共産党の組織にしたわけではありませんでした。共産党として組織したことは絶対にありません。共産党として組織的に日本人と戦ったということはありません。

　腹が一杯にならず、重労働で、本能的に皆が同じ事を望んで闘いました。日本人の監督達から見れば、労工達は結構強く日本人と闘っているように見えたと思いますが、実は組織的ではありませんでした。監督達はこの様子を見て、労工達の内部の中国人を利用して中国人と闘わせるというやり方で、中国人の内部を撹乱しました。その時に積極的に日本人と戦う徐強さんや李玉蘭さん、8、9人の人を闇で逮捕しました。つまり皆が知らないうちに行方不明になり他の所へ連れていかれました。王鴻章、韓茂才、閻之学、また山の下の隊長、張一定（張光耀の偽名）が次々に行方不明となりました。このように日本人は、闘うたくさんの人を闇で捕えました。私はその時の逮捕された人の名前を全部覚えています。

　私は最後に逮捕されました。その時、曹竹などに2、3人は日本人に利用され、漢奸（売国奴）になっていました。日本人は色々な手段で、労工を2派に分裂させました。一方で大隊長の徐強さん達を闇で逮捕して、もう一方で曹竹さん達を利用して、日本人のために色々やらせました。曹さんは労工のトップになりました。その時、片方の勢力は私だけが残って孤立させられました。[訪中調査報告集 1995 年 8月 17 〜 24 日 / 9 〜 12 頁]

（7）他の中国人の木曽谷事件未遂への証言

図5-10 原吉寿
(齊魯書社『二戦擄日中国
労工口述史』より)

① 原吉寿：山西省襄汰県永宮郷永宮村。

　張隊長は我々を1,000人以上指導してくれた。当時日本は鉄を多用し、張大隊長は鉄棒を1本ずつ壊させた。1人1本の鉄棒と5尺の鉄棒を用意し、さらにいくつかのかごの縄を用意し、造反を準備した。しかし、まだ行動していないうちに日本の警察に報告した人物がおり、日本の警察は大隊長と3人の中隊長を逮捕し、刑務所に閉じ込めて半年滞在し、日本が投降したときに釈放した（実際は10月10日 ― 引用者註）。［二戦擄日中国労工口述史 / 7〜8頁］

図5-11 李清風
(齊魯書社『二戦擄日中国
労工口述史』より)

② 李清風：山西省絳県横水鎮居太荘。

　1945年3、4月、我々の労働者の一部は暴動の準備をしていた。我々が住んでいる近くには倉庫があり、中には機関銃、迫撃砲、銃が入っている。山の中には4、500人がいて、我々のところには300人以上がいる。みんなで団結して暴動の準備をしていたところ、劉という漢奸（売国奴）が日本人に報告し、何人かの隊長が連行され、山の中の労働者の隊長も連行された。［同書 / 18頁］

③ 張智有（ちょうちゆう）：山西省洪洞県劉家垣鎮効古村。

　６ヶ月滞在して、大隊長が暴動を起こすという話を聞いた。その時私は年が若くてよく分からなかった。その後、大隊長と中隊長の計４人が拘束され、日本が降伏してから復帰した。[同書 / 18 頁]

図5-12 張智有
(齊魯書社『二戦擄日中国
労工口述史』より)

④ 趙子清

　王滝隊にはまだ 1,000 人以上の中国人がいて、張大隊長は我々にこっそり様々な谷に連絡させて、１人１本の鉄棒、何丈（１丈は 3.3m）もある草縄、１つの鉄製の壊した水筒を用意させ、武装抗争を準備するように求めた。張大隊長はまた、「中国軍人は中国軍人の姿を失ってはならない」と述べ、日本人は朝５時に起きることを規定している。張隊長は我々に 30 分前に起きて、労働キャンプで体操をするように求め、大声で叫んだ。「1、2、3、4」。日本人は驚いて、中国人は野蛮だと言って、大隊長と３人の中隊長を捕まえた。[同書 / 28 頁]

⑤ 張考生

　旧暦３月のある日の午後、仕事を終えて帰ってきた。第１日目：工事現場には大工が加工した木材が山ほど置いてあり、夜には放火されて全焼した。第２日目：夜には１台の自動車を燃やされた。第３日目：午前に、鬼子（中国語でグイツ、外国人に対する憎悪をこめた呼称 — 引用者註）は「眼鏡張」と３人の小隊長を逮捕した。[同書 / 35 頁]

⑥ 侯潤武：山西省盂県西煙鎮東村。

　ある時、大隊長が暴動を組織したが、発見され、大隊長も中隊長も連行され、日本が降伏してから、彼らを送り返した。張靖（張光耀のこと―引用者註）は八路軍の幹部で、陝西人だ。[同書 / 40 頁]

図5-13 侯潤武
（齊魯書社『二戦擄日中国労工口述史』より）

⑦ 閻生林：山西省 5 台県陳家庄郷急寺村。

　日本で我々は大隊、小隊の 2 つに分かれていたが、大隊長は八路軍だ。我々は 1 つの武器倉庫に大変近く、隊長はそれを知って以後、暴動を組織し、その後発見され、隊長はすべて逮捕され、日本が降伏するとすぐに彼らを戻した。[同書 / 40 頁]

図5-14 閻生林
（齊魯書社『二戦擄日中国労工口述史』より）

⑧ 張天恵

　我々がひどく騒いだことに加えて、敵が人を買収したことで、我々の大中隊長はみな刑務所に連行され、我々 7、800 人を分散して労働させた。[同書 / 51 頁]

図5-15 厳志学
(「松本強制労働調査団団通信〈第26号〉」より)

⑨ 厳志学：逮捕された1人。河北省深州市で駅員をしていた。家族は7人、結婚して息子もいて、主な働き手だった。

　1944年2月（旧暦）、たくさんの日本軍が駅を包囲して捕まった。その後、石家荘の収容所に入れられた。1日に何十人も死んだ人が出た。3月（旧暦）に塘沽から日本へ連行され、長野県木曽・三岳村の鹿島組作業所で発電所をつくる工事をした。

　1945年3月、日本の警察につかまった。発電所を爆破させようとした、といわれたが、そのようなことはまったくなかった。6ヶ月刑務所にいて9月に釈放された。刑務所ではほとんど食べさせてもらえなかったので歩けないほど衰弱していた。［聞き取り：1999年8月19日、松本強制労働調査団団通信：第26号 / 1999年9月］

　こうして証言集に残る16名の証言者のうち、10名から、木曽谷事件が起こる前に隊長たちが捕まったと証言している。5名がこの件を証言していない。

⑩ 唯一、徐強（徐茂臣の偽名）の証言のみが、「ある日、私が日本で発電所建設現場に行き、彼らが発電に使う大きな鉄製の導水管を壊して倒し、大きな鉄製の給水槽が壊れた後、2つの下方の鉄の発電用鉄管と2つの鹿島組の家屋を押しつぶした。その時の家屋の部屋には日本人2人がいて、中で死んだ」［二戦擄日中国労工口述史 / 81頁］と、述べている。

ア　しかしこうした行為が、単独で到底できることではない。誰をどのように組織したか不明である。既に彼は警察の監視下にある。だいたい上部水槽は鉄筋コンクリート製であり虚偽である。

イ　1944年12月7日の「東南海地震」が発生し、水圧鉄管、扇形扉の完成、輸送が困難になった。鉄管が無いのに、破壊することはできない［間組百年史／713頁］。

ウ　しかも徐茂臣の証言は、陳俊英と親族の徐文革らのインタビュービデオを元に、範媛媛が整理した［二戦擄日中国労工口述史／83頁］と根拠が提示されており、徐茂臣が行ったことは疑わしい。

エ　1973年2月7日付「信濃毎日新聞／友好のかけ橋：6」の「発電所爆破ねらう？」という囲み記事は、「花岡事件より3ヶ月も早く、木曽谷で計画され、未遂に終わったわけだ」と断定している。

図5-16 現在の3号導水管の下部

『鹿島建設七十年小史：1880-1950』／1950年6月発行は、16頁で「昭和16（1941）年より昭和20（1945）年6月迄に長野県御岳水力発電所工事、引続き7月より昭和24（1949）年末迄に同発電所の王滝線水路並びに西野川線水路の両拡張工事」としている。この6月に中断された事実は、『間組百年史：1889-1945』／1989年12月発行でも明らかになっている。

日本発送電は通水期限を1944年末にくり上げ、間組担当の鯎川導水工事を中止し、3台の発電所内設備を2台に縮小して、まず4万4,000kWとして竣工させることとした。しかし1944年12月の東南海地震により、発電機2台の入手も不可能となった。そこで1台2万2,000kWでの発電開始とした。しかし「全隧道はセメント不足のため、コンクリート巻き付けが出来なかった」

日本発送電や関係者は通水の不安を訴えたが、軍需省電力局長荒木満寿夫は強硬に通水を主張し、1945年6月30日に通水が行われ、2万2,000kWの送電が開始された。しかし関係者の心配どおり、王滝川線隧道の各所で月日を経るにつれて次々に漏水が起こり始め、水路工作物、発電所内設備にも故障が続出し、……運転を中止した。さらに追い撃ちがかかった。1945年7月13日の豪雨により発電所裏側の切り取り面が崩壊し、発電所建屋の1部を破壊して、発電所内に泥流となった土石が流入した。このため、発電機、水車とも土砂に埋没し運転不能となってしまった」［間組百年史／713頁］

図5-17　建設中の御岳発電所
（写真の典拠：『霊川の流れは永遠に』口絵／頂上からすぐ下の逆丁字の頂点が隧道吐出口。隧道から放られた岩石が散乱している。この時期には現在の御岳第1、第2発電所の建設が始まっている）

1945年3月16日食料倉庫から食料倉庫品などが大量に紛失する。その後、3月28日から4月2日に強制捜査［信濃毎日新聞／前掲囲み記事］であるから、この事件は、警察取締に不満をもって企図されている。要するに、食料倉庫強奪事件があり、暴動を組織しようとした「木曽谷事件未遂」は存在した。

この事件の歴史的意義は、治安維持法が外国人に初めて適用されたということである。

図5-18 事業場別主要事件及紛争概要(付表参照)

番号	事業場名	発生期	事件名	原因	要求	行動	被害	備考
(42)	鹿島御岳	敗戦前	発電所爆破・殺人未遂事件	反戦・警察取締不満		爆破・殺人計画企図		検挙・入獄損害4万円

（8）鹿島御岳の特殊な眼性疾患

一番の問題は入国検疫で128名の眼病［74頁、鹿島御岳の移入集団別素質］を確認しているにも関わらず、何ら手を打っていないことである。普通、罹病を確認すれば、入国を認めない。そういう入国検疫をしていない。現在でも日本の入国検疫は甘い。

三岳村加藤ひでさんの話：「私は、そのころの日発（日本発送電株式会社）にいて、中国人の関さんという通訳と親しくしていた。……。栄養失調で眼が見えなくなった人が多く、『眼がわるいときは小便で顔をよい』と云ったものがあったが、中国人はそれをま（真）にうけて本当に顔を洗ったため完全に失明した人がたくさんいた。

鹿島組薮塚出張所の「事業場報告書」は次のように述べている。「1945年4月23日、群馬県特高課の命により、華人引卒（ママ）のため、長野県木曽福島警察署に行き、宮下特高主任に面会す。本県特高課より綿貫警部補、佐藤部長、事業主松尾梅雄外係員3名（ママ）なり。まづ移動華人（ママ）の健康状態を……宮下特高主任にききたるところ、病人3名のうち2名、昨日死亡したるにより、現在1名のみとのことなり。

4月25日午前7時、大滝森林鉄道停車場にて、華人276名と会し、(ママ)
上松にて中央本線にのりかえるべく下車せり。しかるところ、右華人
は大部分非常なる不健康者にて、そのうち歩行不能なる重病人多数あ
り。また両眼失明者も数十名にして、ほとんど健康者なき状態なり。

　よって……宮下特高主任に、華人健康状態の非常なる相違を難詰、(なんきつ)
かくのごとき状態にては、輸送も困難なるため、群馬県への移動を強
硬に拒絶したるも、長野県にて移動を予定したるにより、ぜひ、うけ
つがれたしとの事にて、やむなく、2個列車に分乗、午前9時、佐藤
部長係員つきそい、重病患者および失明者を出発、午前12時、比較
的軽症者および残員を、綿貫警部補引卒、群馬県新田郡薮塚に向かい(ママ)
たり、同日夕刻両毛線岩宿駅に到着、ここより鹿島組自動車6台にて
同薮塚出張所まで輸送せり、

　途中、高崎駅にて、夕闇となりたるところ、のりかえにさいし、列
車より自由に下車出来る者、皆無にして、比較的健康者にしてすら手
をとらざれば下車できざる状態なり。現地に到着後、自動車より宿舎
にいたるまで、670名、担送せざれば、歩行不可能にして、なお他に
も鹿島組所員をして、手を引き案内せる状態にして、実に健康あまり
に悪きに、おどろかされたり……」

　その移動の途中を高崎駅で目撃した轟藤十郎さんは、次のように
語っている。「終戦の年の東京に大空襲のあった直前のある日、私は、
高崎駅で、高松宮のお召し列車にぶつかった。ところが、このお召し
列車には、中国人が1車輌びっしり、約250人くらいのっていた。

　高崎駅でおろしたのだが、彼らは白いうすい毛布を1枚つつ肩から(ママ)
かけていたが、服装はボロボロで、東京の乞食よりひどいかっこう
で、いつふろに入ったかわからないような感じで、臭かった。梯子段(はしごだん)
を3、4人つつくんで歩かせた。みなフラフラして歩けないのを、カ(ママ)
シの棒をもってこづいていた。

　ところが、歩けないだけでなく、みな、眼から涙をボロボロ流して

いた。それは泣いているというのでなくて、何かひどく眼をやられていて、たえず涙がボロボロ流れ出ていた。

作業どころか、生命もおぼつかないようだった。毒ガスの実験につかわれたのではないかと思われたが、新潟方面へ行く日本人が、彼らを見て可哀そうだといって泣いていた。長野の篠ノ井から来た駅員は云っていた。また篠ノ井からもう一列車くるのだともいっていた。……いづれにしても私は、この事実を知らせなければ、死ねない気持ちだった。高松宮もみていたのだから、彼も証人になるだろう」

このようにして、薮塚へ入った276人の中国人は、4月30日に、群馬県衛生課の北村徹志医博によって健康診断をうけた。それによると「特に重病患者」として、肺腸疾患55名、風眼（淋菌性結膜炎）（注1）（両眼失明）44名、風眼（片眼失明、将来両眼失明）22名、夜盲症19名、トラホーム37名合計181名が数えられており、「その他、中ならびに軽眼病者は、全員にして、健康状態ほとんど不良、皮膚病患者も相当数あり」という状態だった。

> 注1…淋菌性結膜炎：瞼が腫れ、白目は真っ赤なり、黄色い膿のような目やにが大量に出てくることが特徴。白目（結膜）だけでなく、黒目（角膜）にも感染し、早期に適切な治療を行わなければ、黒目に潰瘍を作り穴をあけてしまうこともあり、失明に至ることもある深刻な感染症である。なぜ入国検疫を潜り抜けられたか、疑問が残る。本来性病である。

事業所所長も「眼病患者たらざるものはほとんど皆無にてそのうちすでに70名は両眼失明の状態」と報告しています。つまり、このような状態のなかで、徐強（徐茂臣の偽名）ら共産党員は前記のような抵抗、本来は斗争を企てたのです。

しかも長野県警察当局と鹿島組は、ほとんど全員が重病人の「俘虜部隊」を「病人は1人」と称して、群馬県に移動させ、群馬県では鹿島

組は、その歩けないような重病人たちと、両眼失明者までも、地下工場現場の重労働に使役したのです。

事業所報告書によれば、280名（4名は暴動事件で入獄した11名中のもので、のちに薮塚へ送られてきた）のち、実作業人員154名、稼働率68％、2交替10時間労働で、トンネル内でトロ押しをやらせています。同時に、巡査部長派出所もつくられ、3名の警官が配置され、取締りを厳重にしました。

病人に対する手当は全くなざれず（ママ）、県当局も薬品1つ送らなかったようです。そのために、伝染性疾患155名、消化器疾患47名、眼病107名を含む罹病331名、罹病率118.2％ということになり、50名が死亡（死亡原因は肺結核13名、両眼失明28名、片眼失明3名、慢性腸炎32名等重複している）。うち17名は終戦後、労役をやめたのち死亡しています。ほか220名の失明者が報告されています。結局御岳で死亡したもの、中国からの強制連行の途中の死亡も含めて316人のうち86人が死亡したのです。［長野県における中国人俘虜殉難の事情と慰霊実行の中間報告／30～32頁］

鹿島御岳第三次は、下関上陸後に3人死亡しているから、総計47人の死亡である。鹿島御岳での死亡数47人と不具癈疾数の合計は87人。さらに鹿島薮塚の稼働率が著しく低く55％。さらに死亡数50人と不具癈疾20人の合計は70人。受入人数313人に対し死亡者合計数は97人（30.9％）、不具癈疾数合計数は60人（19％）で、全く異常である。

鹿島薮塚が高死亡率事業所に該当しない。受入人数が280名で死亡者が50名（死亡率17.9％）。何とも奇妙である。

図5-19 鹿島御岳、各務原、薮塚の死亡者数・不具癈疾者(付表参照)

番号	事業場名	乗船地（乗船名）出港地年月日	受入人数、到着年月日	受入数	就労作業内容（報告書による）	一日労働時間及交替制	転出先	転出数	死亡数	行方不明	到着前死亡	負傷者数	罹病者数	不具癈疾者数	死亡総数	伝染性疾患死	一般死亡数	人数	失明	視力	帰還時現在数
(42)	鹿島御岳	塘沽 栄光丸 19.5.5 下関より 19.5.13		298	トロ押	10〜11（ナシ）	鹿島各務原へ 20.6.7	365	5			118	885	40	47	23	22	40	14	26	
		青島 プレト号 18.10.11 門司より 19.10.18		100			鹿島各務原へ 20.8.30	9													
							地崎北海道へ 20.10.18	1	9												
		塘沽（空欄）19.5.5 下関より 19.10.29		310			鹿島薮塚へ 20.1.27（日時空欄）	276 4	30	3											
43	鹿島各務原		鹿島御岳 20.6.7 20.8.30	365 9	トロ押	10（ナシ）			3	5				3	高死亡率事業場等、不具癈疾他発事業所に該当せず不明						366
44	鹿島薮塚		鹿島御岳 20.4.25 20.10.12	276 4	（主に隧道内）トロ押（掘進はなし）	10（2交替）			50			24	331		高死亡率事業場に該当せず不明			20	20		230

第6章　御岳発電工事・熊谷組

（1）熊谷組の概況

中国人は使用されていない。

朝鮮人は748人の「官斡旋」強制連行が用いられている。しかし逃亡者が413人に上る（55％）［朝鮮人強制連行調査の記録：中部・東海編／156頁］。

朝鮮人の証言どおり、中間職制（下請けの組の監督者）は日本人が行っていた。熊谷組社長が「石川、富山の人間はよく働く」と逸話を述べている［熊谷組社史／98頁］。

飯場は、西野川倉の沢と旧三岳村大沢にあった。隧道の工程は白川堰堤から末川堰堤迄約7kmである。西野川から鹿の瀬川、湯川、白川、南俣川と、すべて御岳に突き上げている沢である。標高1,030m付近を7kmで5mの勾配で白川に出る。旧開田村と旧三岳村である。

（2）朝鮮人の証言

図6-1　楊秉斗
（柏書房『朝鮮人強制連行調査の記録〈中部・東海編〉』より）

① 楊秉斗（ヤンビョンドゥ）：1917年2月28日生、全羅北道淳昌郡東渓面亀尾（スンチャン ドンギュエ グミ）出身。

1943年7月中旬（26歳）のことだ。……近所の田植えを頼まれ……手伝っていた。そこへ日本人の巡査が来て私に用があるから来いという。ついていくと留置場に放り込まれた。そこには既に5人ぐらいの男の人がいた。「田植えをするのに何の罪があるのだ」と言って暴れたら、手錠をはめられた。居合わせた巡査の名は「あだち」といった。翌日（だったと思

う）、トラックで全羅南道の麗水港に連れていかれ船に乗せられ、ようやく手錠を外された。

　日本の下関に着くと、白い薬の入った風呂に入れられたが身体中がピリピリして涙が出るほど痛かった。着ていた服も熱で消毒されたらしく、ポケットに入っていたセルロイドの櫛がひん曲がっていた。

　大きな駅で1晩ずつ泊まって、列車の中で1週間ぐらい過ごしたような気がする。長野県の木曽福島からバスで黒沢（三岳村）に行く。名簿に付けるための写真を撮られ、森林鉄道で開田村まで登っていった。柳又という所で、70人ぐらいの人たちと一緒にダム（取水口）工事に従事させられた。「熊谷組」だった。三岳村までの15kmの間に、トンネルが7つか8つあり、年半ぐらいで荒工事が終わった。

　雪はよく降るし、仕事が辛かった。仕事の途中、腰が痛くて立ったら「馬鹿やろう、何やってるんだ」といって、つるはしの柄で殴られて左腕の骨が折れた。今も曲がっていて腕を上に挙げられない。監督はみんなつるはしの柄を持っていた。

　半月ぐらいして、鄭氏と他のトンネル工事の現場に回された。トンネルの中は水が腰までくるし、朝鮮から着てきた服のまま着替えもなく寒くてたまらず、ここにいても死ぬかもしれない、なら逃げたほうがましだと思い、そのことを鄭氏に話すと自分も一緒に行くと言う。その日は腹が痛いといって仕事を休み、夜中12時の交代時に2人は逃げた。登っても山、下っても山の道を、3日間飲まず食わずで歩いた。夜は寒くて人で身体をくっつけてぬくめ合って、雪をなめなめ、高根村（現在の岐阜県高山市高根町）の方に行ってようやく道に出た時は「生きる道」だと思って大きなため息が出たよ。［聞き書き／1994年 朴明子。朝鮮人強制連行調査の記録：中部・東海編／234～235頁］

図6-2 金永培
（柏書房『朝鮮人強制連行
の記録〈関東編 1〉』より）

② 金永培（キムヨンベ）：1922 年 9 月 14 日生、慶尚北道奉化郡法清面（ポンファ ポプチョン）出身。

　私は 1942 年 10 月頃、21 歳の時 221 人の同胞とともに日本に連れてこられた。朝鮮での 8 人家族の生活は供出と農作物の不作続きで食べるのがやっとであった。

　私は隊長 1 名班長に名の日本人に連れられ関釜連絡船に乗せられた。船の中では部屋の外からカギを掛けられ便所に行く時以外は部屋から出ることはなかった。

　船が下関に到着し、……木曽の御岳山に移動させられ水力発電所のトンネル工事をやらされた。木曽での生活はとてもつらかった。そこでの仕事は危険きわまりなく、そそりたつ崖っぷちをのぞきこみながらの作業であった。食事といえば木箱にさじ 1 杯ぐらいの雑穀混じりの麦飯であった。当時監督は「朝鮮人には腹いっぱい食わせるな。食わせると仕事がはかどらない」と言っていた。

　1 日 2 円 50 銭の給料のうち、食事代、宿泊代を引かれると手許に残るものはなくタバコも満足に吸えなかった。危険はつきものであったが、最も危険なものは人間によってもたらされると身をもってわかった。それは林という監督との出会いで始まった。……我々がいたところは山深い豪雪地帯で交通手段はおもに馬ゾリであった。地下足袋も支給されずワラジが 1 足渡された。私たちは寒さを凌ぐため、飯場にあった布皮にボロ布の入った名ばかりの布団からボロ切れを取り出し、足に巻き作業に出たが、帰って来るときには足にはほとんど感覚がなく、熱湯に足を入れても 20 分ほどたたないと温もりを感じることができなかった。

　ある日のことあまりの寒さに耐えきれず、私は作業から飯場に戻ってきた。そして私は点呼のあと、林監督に尋ねた。「故郷からの手紙ももらえず送れず、地下足袋も支給されず、死んだものは捨て置かれ

る。いったいどうなっているんですか」と。するとやおら立ち上がった林はメチャクチャに私を殴り始めた。私は偶に転がっていた木枕を持ち反撃に出た。……

　翌日連れていかれたのは警察のブタ箱だった。3日間留置されたあと親方がやってきて、たくさんの飯場の中でも我々の組が一番成績もよいので、配給もより沢山当ててきたとの説明があった。……帰りすがら親方の家で生まれて初めて白米で握ったおにぎり4つをもらって食べたが、2つしか喉を通らず涙が流れてどうしようもなかった。……

　1時間ほど、支給された物をヤミに流すことなく正当に渡すよう説教され、親方は帰って行った。親方が帰るや否や、林は川に入って砂利を汲み出せと命じた。「冗談じゃない。長靴もなしではだしでできるか。おまえが入ってやれ」。私はあくまでも高姿勢に出た。

　……数日後、林に「徴兵」の赤紙が来た。……逃亡の機会を探しつつ1年6ヶ月後、山梨の韮崎工事現場に移動したおりに私は逃げた。……。［聞き書き / 1997年7月 / 鄭玉珠。朝鮮人強制連行の記録：関東編；1 / 325〜327頁］

第7章　上松発電工事・大成土木

（1）寝覚発電所

　寝覚発電所は御岳発電工事に関係ない。しかし同時期に行われた上松発電工事は強制労働なので別項にして取り上げる。

　上松発電所は、寝覚発電所から考えないといけない。理由は簡単である。下の地図から、両発電所間を結ぶ点線の導水管を消せばよい。

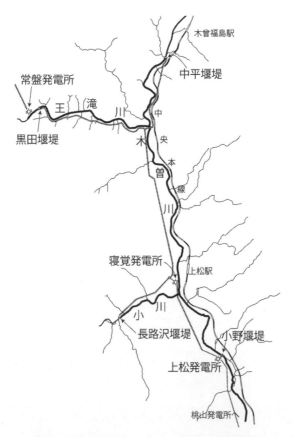

図7-1 寝覚発電所、上松発電所概念図は筆者作成

それが、次の下流の桃山発電所の間の未利用落差＝約23mであった。

日本発送電株式会社は、ここに発電所を、つくることにした。上松発電所である。この地図は木曽ダム誕生以前の川筋を記入した。寝覚発電所に導水路によって送られた水は、木曽川に戻されることなく、全部上松発電所に送水された。小野ヶ谷堰堤は桃山発電所の取水口としてつくられた堰堤である。

図7-2　王滝川黒田堰堤跡

では上流から順に見ていこう。

王滝川方の取水口で黒田堰堤という。旧取水口跡側の方面に水が流れているのがよく分かる。上流の常盤発電所からほぼ水平に下流100mにある。現在は使用されていない。王滝川と木曽川の合流点の王滝川方に木曽ダムがつくられたからである。

他方、木曽川方の取水口は中平堰堤という。写真の奥の方が取水口である。木曽川左岸から取水しているので、木曽川を跨がなければな

図7-3　木曽川中平堰堤

図7-4 寝覚発電所神戸跨川橋

図7-5 寝覚発電所

らない。

それがこの跨川橋である。木曽町神戸にある。2層になった鉄橋の下部が導水管である。

そして寝覚発電所である。正面下部にある木曽川への放水口は閉められたままである。

第三の小川（木曽川に流入する河川。固有名詞―引用者註）堰堤からの水路は1.80kmの長さがあり、下流側で水流を速める加圧式隧道である。こうして寝覚発電所は、64.29 mの有効落差を得ている。

これら寝覚発電所の諸事業は戦前のことで、中国人・朝鮮人の強制連行とは関係ない。

（2）上松発電所

現在の上松発電所の全景である。右が上流になる。小野ヶ谷堰堤は水流を桃山発電所の取水口に寄せている。その場に上松発電所がある。余分になった水を三基の水門のうち1基から木曽川に戻している。もともと桃山発電所の取水口であるから、桃山発電所は4,305.5 mの隧道で、79.55 mの有効落差を得ている。

1943年8月、逓信大臣より日本発送電株式会社に対し上松発電所

建設命令が発せられた。着工は1943年10月で、寝覚発電所から上松発電所への隧道がつくられた。1944年12月末までの竣工を目指し、突貫工事が進められた。しかし完成せず、1945年3月、セメントなどの入荷が皆無となり作業中止となっ

図7-6 上松発電所

た。この時、強制連行の中国人・朝鮮人が働かされた。

　上松発電所は上松町にある寝覚発電所から2,507.0 mで1 m下がる勾配で隧道を掘った。工事事務所は寝覚発電所南側につくられた。寝覚発電所から小川を地下で潜り、小路方の南方までを第一工区とした。裏寝覚を第二工区とし、合計横穴2ヶ所を用いた。第三工区は発電所上部位置に縦穴を掘鑿し、22.5 m掘り下げた［『上松町誌』／573頁］。発電所地点の地中で21.1 mの落差をつくり発電する予定だった。

　物資を運ぶ高架牽道は、2ヶ所に設けられた。上松駅西南の栄町から対岸の小路方へ渡るもの［同書／575頁］、今一つは裏寝覚から対岸の部分に渡るもの［同書／神田文人氏の証言／582頁］であった。

（3）中国人の証言

図7-7 劉新成
（「松本強制労働調査団
団通信〈第26号〉」より）

① 劉新成：78歳。

河北省保定市望都県で駅員をしていた。1944年4月、22歳のときにつかまった。つかまった当時は結婚したばかり。家は貧しく2歳から19歳の5人の弟、妹がいて彼が生活を支えていた。

八路軍と関係があるだろうといわれて河北省保定で拷問を受けた。その後、石家荘の収容所につれていかれた。日本語ができることから収容所で中等科（幹部になる集団）にいれられた。1944年の6月上旬に塘沽から日本へ連行された。

長野県木曽上松の大倉土木（現大成建設）の作業所で発電関係の工事に従事。夜昼2交替の仕事で、特に夜はとても危険だった、トンネル工事は上から水が落ち、下は水、足元の石は爆破した石の破片でナイフのように角がするどかった。食事はひどく、よく殴られ、死者や失明者がたくさん出た。……。［聞き取り1999年8月18日。現松本強制労働調査団団通信：第26号／1999年9月］

図7-8 馬順英
（齊魯書社『二戦擄日中国
労工口述史』より）

② 馬順英：河北省井陉鉱区谷底村出身。

ここの住居は板張りの部屋で、部屋の両側に板張りの寝床があり、真ん中が通路になっている。寝床には何の敷物もない。我々が使っている敷物はすべて中国から持って行ったものだ。我々は全部で2つの中隊、4つの小隊に分かれ、小隊の下には班がある。上松町駅の西に住んでいた。当時、大隊長は張、班長は馬だった。

　ここに着いたばかりの時、夜寝て消灯した後、勝手に話をさせない。もし誰が話をしているのが聞こえたら、日本人は棒を持って、誰かの頭をたたいている。食べたのは1日3回の食事で、もらい始めたのは棒のような饅頭、飲んだのは野菜スープ、時には漬物が少しあった。その後、米糠を使った饅頭やサツマイモに変更され、食べるご飯の質が悪く、豚に餌をやったほうが良いくらいだ。

　我々は長野県上松作業所で働いている。仕事は日本人のために隧道を開け、発電所を建てることだ。私はここで隧道を掘ったり、土を掘ったりする仕事をしていて、1日に10数時間働いている。工事現場まで500mあり、途中で吊り橋を渡る必要があり、気をつけないと橋の上を歩いている時落ちてしまう。

　この地の冬は雪が厚く、約1m以上の高さがあり、このような天気の中でも、日本人は1日も休ませてくれなかった。仕事中に、少し怠ければ殴られ、日本人はよくツルハシで我々を殴った。殴られて怒られることは、よくあった。仕事から帰ってきても、住居には暖房施設がない。日本人は屋外の板の外にわらで風よけを張り、夏になると外す。冬は部屋の中が寒いので、暖をとるために薪を探して部屋で火をつけて暖をとる。

　ここでは、住環境が暗く湿気が多いため、部屋には虱や蚤が多い。皆、長い間少ししか入浴できず、服を着替えられず、疥癬ができていることが大変多い。我々が病気になっても、日本人は見てくれない。働けるようになると仕事を続けなければならない。気をつけないと仕事をしていて事故に遭う。

　……ここでは病気で死んだり、事故で死んだりする人がいて、死後、日本人は住居から連れ出し火葬する。ここで、日本人は私を連れて行き、遺体を焼いたことがある。日本人は人を焼く時、森の中に穴を掘り、死んだ人を投げ込んで、それから体にガソリンをこぼして、火をつけて焼いた。

　我々は日本で1年以上働いてきたが、日本人は我々に1銭もお金

を送ったことがない。我々に作業服を送ったことがない。冬になると、布のベストとゴム靴を送ってくれただけだ。我々は暖をとるためにセメント袋を拾って体に巻いた。[二戦擄日中国労工口述史 / 381～382頁]

図7-9 陳玉川
（齊魯書社『二戦擄日中国労工口述史』より）

③ 陳玉川（ちんぎょくせん）：1926年生まれ、河北省正定県城内人。

　発電所の工事現場では、我々は土を掘って、地盤に基礎を作る。石を担（かつ）ぎ、木を担いでいる。……

　食べたのは米糠に麩（ふすま）（小麦をひいて粉にした時に残る皮の屑 ― 引用者註）の入った小麦粉を混ぜて蒸した団子で、その団子は、持つとすぐに壊れて散ってしまい、両手ですくって食べるしかなかった。食べると便秘になり、用を足す時に大便に血が入り、肛門が痛くなった。

　ある時、ある日本人（ドイという）が私を彼の事務所に呼び、私に中国語を教えてくれと言った。彼は私に日本語を教えてくれた。私は一言ずつ彼に教えて、その後、私は「満腹にならない」と言った。彼は我々に確かに満腹にならないかどうかを尋ねた。それから、私にタバコを5本持ってきて、水を5碗持ってきた。無理やり私に飲ませた。彼は飲み終えることができないと言って私を殴った。私は殴られるのが怖くて、確かにお腹がすいていたから、すぐに水を飲み終えた。

　工事現場では、日本人はよく中国人労働者を殴る。何をしていても殴る、言っても殴る。殴りたいから殴られる。中国人を人として見ていない。ある時、日本人は私を仰向けに地面に寝かせて、小隊長に木の棒で私のすねを打たせて、打ってもなぜか理由を言わない。そのため長い間歩くことができなくなった。午前に飯を食べていた時、「ド

イ」は叫び、小隊長に我々のこめかみを殴らせた。誰かに言われれば殴らなければならない。

　また仕事をしていた時、私はトロッコ車に積んでいて、石を持ち上げる時にうっかり手を打ってしまった。私は痛くて手をつかんでゆっくりしていたが、ある日本の監督が見て、鉄の棒を持って私の頭に向かって殴った。頭から血を流し、顔が血だらけになって、その時は気を失って倒れてしまった。

　監督は他の人に「仕事をよくやれ。でないと、お前たちを殴ってやる！」　その後も何人かの労働者が私を部屋に連れ運ばれ、数日後、衛生員書記が病院に連れて行ってくれた。診察して、薬をもらい、布で巻いてもらって終わった。数日後、傷口が化膿して、仕事ができなくなった。日本人は私がこのように怪我をしたのを見て、しかもこの傷が日本人が殴ったものなので、私を仕事に行かせないで、1ヶ月休ませた。

　日本では、中国から持ってきたトウモロコシ粉を混ぜた団子を食べているが、長時間保管していた上に、天気が暑くて、トウモロコシの粉にカビが生えて、虫が発生した。蒸した団子は虫の卵のようで、苦くて汚れていて吐き気がする。食べないでは、空腹で心が落ち着かない。目を閉じて食べるしかない。満腹にならないため、多くの人が山菜や青草をよく食べている。ある時、我々が食べたおかずはとてもおいしいので、料理人に聞いたら、日本人が蛇を捕まえて料理に入れたと言われた。それ以来、みんなはよく蛇やネズミを捕えて焼いて食べた。

　我々が飲んでいる水は山から流れ落ちる渓水で、朝鮮人の住宅の前を通って我々のところに流れてきたもので、水は汚い。一度溝を掃除したとき、下のウジの塊りは1尺（33.3cmの厚さがあり、みんな長い間、食事をする勇気がなく、思い出すと吐き気がする。

　このような飯をいつも食べるため、栄養がなくなり、85%の人が夜盲症になり、夕方になると見えなくなり、夜には完全に見えなく

なった。我々の班では2人が見えなくなり、班長の孫章欣（そんしょうきん）も見えなくなった。日本に来て1ヶ月以上働いて、多くの人の足はすべてむくみが現れた。彼らの症状は比較的に軽く、私の足は最もひどく腫れ、脚から腿まで特に太く腫れて、その上まだ光って、足は靴を履くことができないほど腫れて、睾丸は小さいボールのように腫れていた。

……日本人は我々に1着の服しか支給しない。冬になると、服はぼろぼろになり、肌が露出し、綿入れ服も着ていない。労働者たちは道で駄目になった布を拾って、服に縫った。花模様より着ている服に張り付けが多い。また、柔らかいセメント袋を拾って、腰や足にかぶせて、ロープで縛って、寒さを防いだ。

夜寝ても服を脱ぐことができない。そこで、部屋内で薪は欠かさず、熱い風呂に入ることができる。我々は朝鮮人が木を焼いて水を沸かすのを見て、我々も火で暖を取り水を沸かすのを知った。しかし、時が経つと、日本人は我々に湯の風呂に入れさせないで、我々を川に入れ、鍛錬、鍛錬という。寒い冬、日本人は我々に水の中の作業をさせた。裸になって、水の中に立ち、水深が腰まであり、時々胸に着く。水の中で作業をしたら、焚火が必要だ。

ある日本人労働者が正しい。作業が終わったらすぐに焚火を焚かせてくれる。寒さに耐えられず、薪を探して火を焚いていた河南省の人が、山の斜面から落ちて死んだのを覚えている。日本では死人はよく見られる光景だ。毎日泣いて、家のことを考えている人がいたのを覚えている。

1ヶ月もしないうちに、彼は死んだ。多くの目の見えない人がいて、大部分はいろいろな苦痛に耐えられなくなり死んだ。盲目になって死んだ人もいる。もう1人は鉄道で働いていて轢断死した人で、彼の体は一塊一塊にばらばらになり、その形は見るに耐えないほど惨めで、我々はかごで彼を片付けて、焼いた。[同書／389〜392頁]

（4）日本人の証言

図7-10　見浦宗山
（「松本強制労働調査団
通信」より）

① 寝覚山臨川寺先代住職 見浦宗山：1931 年
生。中国人犠牲者の火葬に立会。「住職代理」
として読経。40 年余り続く供養法要。1956 〜
1977 年中学教師。

　当寺の古い歴史は不明ですが、徳川義直（尾
張藩祖）の命により寛永元年（1624）に再建さ
れました。度々の火災で往時の建物としては
弁天堂が残っています。

　《住職の代わり》　子供のころ、住職であっ
た父親が血行不良（糖尿病）の病で足を切断。弟弟子が住職を引き継
ぐも、宗山氏が小学 5 年のとき徴兵される。住職不在のため葬儀が
あると住職の代わりにお経をあげに行った。寺には大成組（当時：大
倉土木、現：大成建設）が間借りをしていた。

　木曽中学（現長野県木曽青峰高等学校：長野県木曽郡木曽町）1 年
（旧制）のとき、死亡した中国人の火葬の際に、火葬場で読経。十何
回かあった。火葬場にはすでに穴が掘ってあり、すでに火葬するばか
りになっていた。遺体の状況はわからなかった。読経が終わるとすぐ
に帰った。火葬の作業には朝鮮人もいたかもしれない。地元の人もお
り「まきが足りなく生焼けだった」という話しを聞いたことがある。

　《体験と目撃》　1943 年上松発電所工事が始まった。中国人の飯場
は川沿いにあったが接触を禁じられており近づけなかった。中国人が
集団で（検診に）連れて行かれるのを見たことがある。

　勤労学徒動員で中学の先輩たち（4、5 年生）が工事現場に行った。
先輩たちから、中国人が脱走した話を聞いた。ひどい拷問を受けたら
しい（詳しくは知らない）。

　朝鮮人も現場にいたが、彼らは日本人の集落の中で家を借りて暮ら
していた。葬儀もありお経を読みに行ったときキムチを出され、食べ

たら喜んでくれたことを覚えている。今も当時から住んでいる朝鮮人を知っているがみんな日本名を名乗っており、当時の話を聞くことは難しい。

　御岳ダムに勤労学徒動員された先輩を「行軍（遠足みたいなもの）」で慰問をしたことがある。このときに見た（先輩たちの話も含めて）中国人は、夏冬同じ服、目を冒されしょぼしょぼさせていた。先輩たちはいたずらで、セメント袋を担いでいる中国人の足元にあったワイヤーをひっぱって転ばせていた、という。

　木曽中学には学年100人ほどの内10％ぐらい朝鮮人がいたと思う。恥ずかしく思っている。当時は疎開の子供もおり出入りが多かった。朝鮮人の生徒たちも戦争が終わるとともにどこかに行った。

　《戦争が終わって》　戦争が終わり中国人は自由になった。彼らは朝鮮人を追い回していた。中国人から日本人に対する暴力事件はなかったが、食べ物を無心に来てウサギや鯉をもっていった。ウサギは当時みんなが飼っており毛皮を売りに生肉は持ち帰って食料にしていたものだった。

　火葬(注1)にした中国人の遺骨は臨川寺に十数柱。上松町本町にある玉林院にも十柱ほどあった。過去帳はない。これらの遺骨は戦後中国人が帰国するときに持っていった。

　戦後、徴兵された住職たちが自分たちの体験と中国人たちの「かわいそうだった」状況とを重ねて、1967年から「仏教会中国人殉難者供養法要」を毎年行っている。卒塔婆(注2)は毎年取り替えている。時期は毎年5月の「友引」の日。臨川寺に立っている中国人を供養する観音さまは、当

図7-11 日中友好観音像

時の木曽仏教会の僧侶たちが托鉢で浄財を集めて作った。観音さまを作った残りのお金の利子で供養法要を始めた。供養法要は仏教会内で行っており一般に広く紹介をしていない。[聞き取り：2007年7月11日 小島十兵衛、大西浩；文責は小島十兵衛：団通信／2007年8月]

> 注1…火葬について：当時はまだ地元では土葬。遠来者で亡くなった人を火葬にしていた。火葬場跡と地元の墓地は近接していないのはこのため。火葬場跡は臨川寺から車で数分のところ、中央線の線路脇。現在は草がおいしげっていたり、民家も建っており特定できない。
> 注2…木塔婆の灵位は、中国語で「人々の魂」の意味である。

② 聖岩山玉林院：臨済宗妙心寺派、上松町本町。

　中国人の位牌は、写真下中の山門外にある写真右の白い帽子を被った観音さまに祀ってあると住職の奥さまに言われた。観世音（観音）菩薩さまは、誰もの声を聴き、助ける仏さまである。中国では、一

図7-12 玉林院観世音菩薩像

般に釈迦菩薩、阿弥陀菩薩、観世音菩薩が祀られる。中国人の人たちの追悼として、手を合わせるしかなかった。

　今一つ外門があるが、山門外というのは残念であった。

③ 木曽中学校　1944年の見聞

　第1次動員＝1944年5月11日〜6月11日：1工区、2工区、交替制（3、4、5年生）

　第2次動員＝1944年7月13日〜8月12日：1工区、2工区、交替制（3、4年生）（5年生は既に名古屋に強制動員されている）

　第3次動員＝1944年8月23日〜9月24日：1工区、（4年生）

第4次動員＝1944年10月24日〜11月19日：1工区。11月23日〜12月23日：（4年生）。［上松町誌／573〜579頁］

④ 小路方工区

上松駅の須原方面の遠方信号（栄町の下のあたり）に……貨車から降したセメントが積んであった。それを木曽川を隔てた対岸の小路方の方へ高架索道（ゴンドラ）に乗せて下ろすのである。［同書／575頁］

⑤ 奥寝覚工区

仕事は6尺（181.8㎝）位に切った材木をトロッコに積んで木曽川左岸の材木寄せ場まで運ぶことだった。その材木は高架索道（ケーブル）で対岸まで送られ、そこで隧道の杭木に利用されたのだったろう。トロッコの路線は滑川（なめかわ）右岸の稜線上にあり、中央線のトンネルの上を通って下り坂を木曽川沿いに運ぶことだったのである。

同じ路線を朝鮮人の1グループも参加していたが、我々には物凄く遠慮しており、我々のトロッコが行くと大急ぎで帰りのトロッコをひっくり返して我々の通過を待っていた。［同書／582頁］

⑥ 中国人の様子

中国人の宿舎は池島のシナ人平（ママ）に数棟のバラック小屋が建てられていた。見に行った者の話では、炊事係の中国人が小麦粉を練ってフライパンで焼いていたという。小屋の内部はわからないが、山の杣（そま）小屋と同じような建物であったようだ。宿舎は他に滑川橋の下流の河原に数棟あったようである。［同書／578頁］

中国人捕虜は集団で行動して、作業は十人程の小集団に分かれて行っており、統制がとれていた。小隊長、中隊長、大隊長と白い布に書いた腕章をつけた隊長が時々巡回してきた。

⑦ 上松町誌に見る食糧の様子

　小麦粉 40%、フスマ 30%、米ヌカ 30%の割合の縦 3㎝、横 7㎝、厚さ 3㎝の包子（バオズ）（中身のない蒸しパン ― 引用者註）1 日 3 個が標準だった［同書 / 569 頁］。慢性的な栄養失調と隧道内の粉塵など、それほど苦しい労働だった。

（5）中国人・朝鮮人の慰霊

　上松発電所の殉職者慰霊碑である。裏面に「昭和二拾参年八月建立」とあり、14 名の名前が刻画されていた。

　明らかに中国人と分かる名前が 2 名。朝鮮半島から連行された人は、1939 年の創氏改名のせいで特定できない。恐らく 4 名はいる。作業中の者のみ殉職者としている。1 名は「作業帰路鉄道接触轢死、他 1 名は作業中墜死である。

　『上松町誌 第 3 巻：歴史編』/ 571

図7-13 上松発電所の殉職者慰霊碑

頁によると、中国人の死亡者の残り 21 名は病死とされる。10 名が消化器系、8 名が呼吸器系、2 名が泌尿器系疾患、1 名が火傷とある。

　朝鮮人には、かような統計はない。

図7-14 上松発電所工事での華人労務者死亡等統計（付表参照）

番号	事業場名	事業目的	受入数計	作業実入	稼働率	在留期間及日数	作業期間及作業日数	就労作業内容（報告書による）	1日労働時間及交替制	死亡数	死亡数	負傷者数	罹病者数	不具癈疾者数
55	大成上松	発電所建設	228	228	228	19.7.25～20.8.22（395）	19.8.1～20.8.22（305）	掘盤、土砂運搬、コンクリート作業	10（2交替）	23	23	34	63	28

不具癈疾多発事業場（全6）			帰還時現在数	紛争
人数	内訳			
	失明	視力		
28		28	276	不当要求等（損害17万円）

第8章　強制連行に対する日本の責任

（1）正確な死亡者数は未知数であることがおかしい

　1942年から朝鮮人の強制連行者に加え、1944年からは中国人の強制連行が加わったが、公的機関から傷病者、死者の数の発表がない。

図8-1 死者の概表

番号	事業所名	朝鮮人数	その内		朝鮮人実数	中国人	負傷者	羅病者	不具癈疾	死者		死者率
			官斡旋	逃亡者						朝鮮人	中国人	
47	間御岳	1,236	836	155	1,081		不明			7		0.0%
						500	151	368	1		92	18.4%
		計			1,081	500	151	368	1	99		6.3%
52	飛島御岳	461	461	330	131		10					0.0%
						275	108	493			22	8.0%
		計			131	275	118	493		22		5.4%
42	鹿島御岳	2,673	910	566	2,107		310			9		0.0%
						711	118	885	40		47	
44	（鹿島藪塚）					(280)	24	331	20		50	13.6%
	鹿島計				2,107	711	452	1,216	60	106		3.8%
番号なし	熊谷御岳	748	748	413	335		4			4		0.0%
						0						
		計			335	0	4			4		1.2%
総合計		5,118	2,955	1,464	3,654	1,486	725	2,077	61	231		4.5%

　そこで、「朝鮮人強制連行調査の記録：中部・東海編 ／ 156頁」および「中国人強制連行資料」を用い概表をつくった。注目すべきは、中国人死亡率が高いことと、朝鮮人逃亡者が多いことである。ともかく、中国人死者213名と朝鮮人死者20名が分かっている。余りに朝鮮人の死者が少ないではないかと思ってはいけない。激務に耐えきれず朝鮮人は逃亡している。死者と逃亡者を合わせると、34.3％に及ぶ。

つまり、朝鮮人には逃げ行くところがあった。

（2）日本の戦争責任

　中国人強制連行の賠償は和解という形で解決した。最高裁は「日中共同声明で個人賠償請求権は放棄された」と判断したが、同時に「被害救済に向けた関係者の努力が期待される」とし、2010年4月26日に西松建設が、2016年6月1日三菱マテリアルが、和解している。しかし、木曽谷の中国人賠償は、前述した裁判しかなく、和解を拒否した2社がある。

　中国人強制連行は、日本が「俘虜の待遇に関する条約」（1927年）を批准していないことに始まる。日本の国策の過ちであり弁解の余地はない［日軍侵華戦擄俘管総論 / 29頁］。つまり木曽谷事件未遂は、歴史上初めての外国人への治安維持法適用であるが、適用自体が間違っている。横浜で開かれたアメリカ第八軍の裁判で、判決の出た327件のうち「華人労務者」に関わるものは3件しかなく［捕虜と捕虜収容所 / 297頁］、わずか1％にも満たない。須坂にある長野監獄で拷問を受けた中国人に、日本政府は謝罪しなければいけない。

　サンフランシスコ講和条約は、アジアへの金銭賠償を認めず、白人の聯合国捕虜のみに認めた［私たちと戦後責任 / 16頁］。1972年9月29日の「日中共同声明」での中国側の潔さに敬服する。

　さらに、以上で見た中国人、朝鮮人、日本人の証言から明らかなように、日本は、中国人・朝鮮人の間に、職務上の差別をつくり出している。いわば「差別の中の差別」と言う構図である。食生活も異なる。また労働現場での職種分担にも明確な差別があった。ただし、中国人の入っていない間組、熊谷組では、朝鮮人と下請けの日本人監督間に同様の差別があった。

　さらに1952年の日華条約で、蒋介石率いる台湾の国民政府は冷戦論理を優先して対日賠償を放棄した。これが禍根を残している。

（3）日本の植民地責任

　第 2 次世界大戦末期からチャーチル、トゥルーマンによって始められた冷戦により植民地責任がまったく追及されなかった。冷戦に参加した日本でも、引揚げを果たせなかった約 60 万人の朝鮮人に対し、ＧＨＱ（連合国軍最高司令官総司令部）と日本政府が旧植民地出身者の参政権、教育権などの基本的人権を奪った。ＧＨＱの治安対策である。1947 年 5 月 2 日、つまり日本国憲法施行の前日に、昭和天皇・吉田茂内閣が即日施行した天皇主権最後の勅令がある。この勅令第 207 号　外国人登録令の第 11 条は、「台湾人……及び朝鮮人は、この勅令の適用については、当分の間、これを外国人とみなす」とした。中国の蔣介石は台湾などの領土宣言を 1945 年 8 月 15 日に行っている。琉球は 1946 年 4 月 10 日に行われた衆議院総選挙で議員を出すことができなかった［沖縄憲法史考 / 小林 武 / 120 頁］。1945 年 3 月 26 日の「ニミッツ布告」が正当化された。

　問題は、国のない朝鮮半島である。受け皿になる国家がない。大韓民国（韓国）樹立宣言が 1948 年 8 月 15 日、朝鮮民主主義人民共和国（朝鮮）建国が 1948 年 9 月 9 日である。朝鮮半島、朝鮮半島から日本へ移住していた人々を無国籍にした。植民地支配していた間は「皇民化政策」で強権的に「日本人」にしておきながら、1947 年 5 月 2 日勅令で、直ちに「外国人とみなす」として切り捨て、戦後の補償から排除した。

　この切り捨ては「当分の間」どころか、1952 年 4 月 28 日のサンフランシスコ講和条約の施行に伴って出された「法務府（現法務省）民事局長通達」（1952 年 4 月 17 日）によって、「朝鮮人および台湾人は……すべて日本国籍を喪失する」と固定化した。日本政府は旧植民地出身者の日本国籍を剥奪して「外国人」とすることで、日本国憲法などによって日本国民に保障されている諸権利を奪った［東京裁判研究 / 135 頁］。こんな冷酷な話はない。

韓国はサンフランシスコ講和会議への参加を希望したが日本とイギリスが強く反対した。

　日本の反対は、日本に住む在日朝鮮人が補償などについて権利を主張することになるという「危惧」が理由である［私たちと戦後責任／17頁］。

　イギリスの理由は、韓国が署名して、日本の植民地統治の合法性が否定されるとヨーロッパ、アメリカの植民地統治を否定する議論につながるという「思惑」であった。アメリカもイギリスの意向に賛成している［同書／17〜18頁］。つまり、サンフランシスコ講和会議は植民地支配の問題を無視したのである。

　これに対し、「日韓基本条約第2条のイギリス語正文は already null and void（既に何らの権力、権力を縛る、有効性が持つこともない：already no force, binding power, or validity）であるが、日本語正文は、「もはや」と日本政府は、……と翻訳し国民に説明した。「既に、とっくに」「今となっては。もう、すでに」としか説明していない。「イギリス語正文」は、日本政府が韓国を植民地にしたことを、何ら肯定していない」［韓国併合110年後の真実／3頁］と述べている。

　1905年11月17日に日本が「締結」したという第2次日韓協約（日

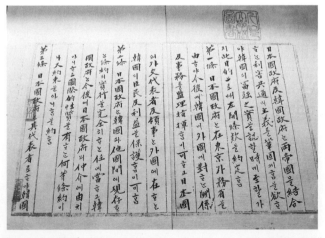

図8-2 ウルサ ジョヤク（日韓保護条約コリア語正文。ソウル歴史博物館で撮影）

韓保護条約）は、コリア語正文に題字がない。高宗は署名を拒否し、
韓国ではウルサ ジョヤク（乙巳条約）という。日本語正文にも題字が
ない［『徴用工問題』とは何か／戸塚悦朗／ 153 頁］。

　ウルサ ジョヤクは伊藤博文が閣議に武力を持って侵入し、強引に
調印させたものであった［拙著／アジアから見た日本の侵略／ 43 頁］。
従って韓国では「日本強占（イルボン ガンチョム）」と言い、日本の植
民地支配を認めていない。

　考えてごらんなさい。脅しをかけ、よその土地を無理やり取り、そ
の上に工場を建てることなどは、あり得ない行為である。また小作民
を米作に専業させ、現金収入のない貧困に陥った小作農を他の土地で
炭鉱労働者、発電所などの土木建築をさせることもあり得ない行為で
ある。

　日本は、

① ポツダム宣言受諾／無条件降伏により、「他律的に植民地を手放し
　た」。

② サンフランシスコ講和会議では「植民地責任が全く追及されなかっ
　た」。

③ 朝鮮／韓国を含み、「日本の植民地責任を追及する国際的な政治力が
　不足していた」［「植民地責任」論／ 132 〜 135 頁］ので、植民地責任
　を曖昧にできただけで、現在に至るまでその責任追及が必要であ
　る。

　宇田川幸大氏は、東京裁判において「植民地支配の問題性は、裁く
側と裁かれる側の双方の意識や議論から欠落していた」［東京裁判研究
／ 160 頁］と指摘している。日本が鋭く追及されている問題である。

（4）日本の戦後責任

　1990 年代に入り、従軍慰安所（「軍」性奴隷制）については、1993 年 8
月河野洋平内閣官房長官談話が発表された。また侵略そのものについて
は、1995 年 8 月村山富市首相談話が発表された。しかし、昭和天皇の

戦争責任が不問に付されたままであった［私たちと戦後責任／16頁］。

　ここに「歴史修正主義（歴史的事実を否定、歪曲し、戦争責任、植民地支配を棚上げする考え方）」が誕生する。歴史否定主義・歴史否定論として批判するべき［佐渡金山と朝鮮人労働／79頁］である。例えば山田昭次、古庄　正、樋口雄一は、2000～03年までの3著、西岡力『朝鮮人「強行連行」説の虚構』（月曜評論、2000年8～11月＝上、中、下、承前）、杉本幹夫『日本支配三六年「植民地朝鮮」の研究：謝罪するいわれは何もない』（展転社、2002年）、岡田邦広『朝鮮人強制連行はあったのか：事実が語る「強制連行」説の虚構』（日本政策研究センター、2003年）を示し、「強制連行がなかった」論を完膚なきまでに否定している。そのため「日本政府と企業の資料によって朝鮮人戦時労働動員の事実と実態について証明している。『募集』『官斡旋』『徴用』など形式はどうあれ、当事者の朝鮮人が徴用、あるいは連行されたと感じている。『連行がなかった』論は、植民地化の実態を隠蔽（いんぺい）する時代錯誤的な保守主義」［朝鮮人戦時労働動員／275～276頁］と断じている。

図8-3　木曽谷中国人慰霊碑

　さらに中国人に至っては俘虜の強制連行であるから否定しようがない。

　2014年1月17日付で「閣議決定その他の方法により示された政府の統一的な見解」が小中学校の社会科、高校の地理歴史と公民の検定基準に追加された。日本の社会科、地理歴史、公民は、戦前の「国定教科書」に回帰している。

　木曽町三岳にある木曽谷殉難中国人慰霊碑である。1983年に建立された。木曽町三岳

大泉寺、王滝村鳳泉寺、上松町臨川寺、上松町玉林院で中国人の位牌は手厚く供養された。5年に1度慰霊祭が開かれる。2023年はその年だ。

　我々は今一度、日本の戦争責任、植民地支配責任、戦後責任を胸に刻み、日本の侵略・植民地支配責任をアジア諸国に謝罪しなければいけない。

おわりに

　研究のきっかけは、若い時お参りした寝覚山臨川寺の日中友好観音さまです。以来、木曽谷の中国人・朝鮮人の強制連行について、上松町観光協会、教育委員会の皆さま、木曽町図書館の皆さま、王滝村観光協会、教育委員会の皆さまに細々と調べていただき、感謝しかありません。本当にありがとうございました。

　この小冊子は、松本の小島十兵衛先生のアドバイスなくして完成できませんでした。心から感謝いたします。また宮帯出版社の内舘さまなしには図書になりませんでした、あつく御礼申し上げます。

　最後に、私の中国語の先生であり、日本語訳の間違いを指摘していただいた中原科技学院（Zhongyuan Institute of Science and Technology）の鄭惠先生に、この書を捧げます。

2023年9月18日　九一八事変（柳条湖事件）92周年の日に

高堂 眞一

付表：「華人労務者就労事情調査報告書」から作製した該当する事業場一覧

① 同書（要旨）参考資料（四）　雇用主別・事業目的別。地域別事業場数及華人労務者数

　　　　　　　参考資料（七）　事業場別移入・死亡・送還及残留数

② 同書（第一分冊）　第一部　移入・配置及送還事情39頁　事業場別残留自由別残留者数

　　　　　　　参考資料第七　華人労務者移入・配置及送還表

　　　　　　　参考資料第八（二）　移入期別事業場別集団別年齢構成

　　　　　　　参考資料第九　移入集団別素質

　　　　　　　参考資料第一三　残留者名簿

③ 同書（第二分冊）　第二部　死亡・疾病・傷害及関係事情

　　　　　　　第二節　死亡原因　高死亡率事業所に於ける多発疾病死亡数

　　　　　　　第三節　不具癈疾　三、多発事業場

　　　　　　　参考資料第二　事業場別死傷病数

　　　　　　　参考資料第三　事業場別集団別死亡数

　　　　　　　参考資料第七　事業場別死因別死亡数

　　　　　　　参考資料第八　事業場別病類別罹患死亡数

　　　　　　　参考資料第10　事業場別障害数

③ 同書（第三分冊）　第三部　就労事情・紛争及就労成果

　　　　　　　参考資料第一　事業場別就労状況及成果

　　　　　　　参考資料第六　事業場別主要事件及紛争概要

［事業場番号：42　鹿島御岳、43　鹿島各務原、44　鹿島藪原、45　鉄道建設興業信濃川（西松）、46　鉄道建設興業信濃川（間）、47　間御岳、48　間戸寿、49　間瑞浪、52　飛島御岳、53　飛島川辺、55　大成上松］

参考資料(7)事業場別移入、死亡、送還及残留数並特記事項、別冊第1分冊［参考資料7 8-2］

番号	事業場名	事業目的	供出機関供出方法	契約数	訓練地	乗船地（乗船名）出港年月日	乗船数	船中死亡	上陸地上陸年月日	移入数
(42)	鹿島御岳	発電所建設	華北労工（訓練生）	800	石門	塘沽 栄光丸 19.5.5	289		下関 19.5.11	702
			華北労工（訓練生）			青島 ブレト号 18.10.11	100		門司 19.10.18	
			華北労工（訓練生）		石門	塘沽（空欄）19.5.5	313		下関 19.10.25	
43	鹿島各務原	飛行場建設								
44	鹿島薮塚	地下工場建設								
45	鉄道建設興業信濃川（西松）	発電所建設	華北労工（行政施行）	200		塘沽（第6壽丸）19.6.21	94		下関 19.6.24	94
		発電所建設	華北労工（行政施行）			塘沽（第6壽丸）19.8.2	89		下関 19.8.8	88
(46)	鉄道建設興業信濃川	発電所建設	華北労工（行政施行）	200		塘沽（第6壽丸）19.8.2	188		下関 19.8.8	188
47	間御岳	発電所建設	華北労工（行政施行）	400		塘沽（第6壽丸）19.3.30	370		神戸 19.4.7	370
48	間戸寿	鉄鉱								
49	間瑞浪	地下工場建設								
(52)	飛島御岳	発電所建設	華北労工（訓練生）	301		青島（昭卒丸）19.5.23	296	1	下関 19.5.27	295
53	飛島川辺	地下工場建設								
55	大成上松	発電所建設	華北労工（行政施行）	300	石門	塘沽（会寧丸）19.7.15	299		下関 19.7.24	299

番号	事業場名	年齢構成							移入集団別素質									
		15歳以下	16—19歳	20—29歳	30—39歳	40—49歳	50—59歳	60—69歳	出身地	年齢(原文令) 数	最高	最低	平均	家族	職業	前歴	教育	健康
(42)	鹿島御岳	0	18	187	76	8	0	0	主として山西	(未記入)	50	15	(未記入)	不詳	不詳	旧軍人(八路軍,閻錫山軍,中央軍)	不詳	病人55 眼病126
		0	1	51	30	18	0	0										
		0	13	200	87	12	1	0										
43	鹿島各務原																	
44	鹿島藪塚																	
45	鉄道建設興業信濃川 (西松)	0	7	53	21	2	2	0	河北 河南 陝西	(未記入)	45	17	27	不詳	大部分農民	軍人ごく少数	日語有解10% 文字有解50%	概ね良好
		0	5	51	19	2	2	0										
(46)	鉄道建設興業信濃川	0	5	120	58	5	0	0	河北 河南	未記入	45	17	26.5	不詳	主として農	軍人なし	日語有解10% 文字有解60%	概ね良好
47	間御岳	0	54	122	89	82	21	2	河北 山東	未記入	60	15	32	独身60% 有家族40%	荷役,農		日語有解3 文字有解10% 小卒20%	不詳
															大部分農民	軍人ごく少数	日語有解10% 文字有解50%	概ね良好
															主として農	軍人なし	日語有解10% 文字有解60%	概ね良好
48	間戸寿																	
49	間瑞浪																	
(52)	飛島御岳	0	27	192	72	5	0	0	河北 山東	281 10	45	15	25	独身112 有家族189	農10	旧軍人266	中卒2 小卒89 文字有解200	胃腸障害 皮膚病
53	飛島川辺																	
55	大成上松	1	13	207	71	7	0	0	河南 河北 湖北	167 57 24	41	17	26	不詳	農 198 商 36 学生 21 工員 9		大1 師2 小卒41	

番号	事業場名	事業目的	上陸後死亡	受入人数, 到着年月日	受入数	受入数計	作業実人	稼働率	在留期間及日数	作業期間及作業日数	就労作業内容(報告書による)	1日労働時間及交替制	転出先	転出数
(42)	鹿島御岳	発電所建設	3	下関より 19.5.13	298	708	466	66%	19.5.13～20.6.7 (392)	19.5.15～20.3.25 (275)	トロ押	10～11 (ナシ)	鹿島各務原へ 20.6.7	365
				門司より 19.10.18	100								鹿島各務原へ 20.8.30	9
													地崎北海道へ 20.10.18	1
				下関より 19.10.29	310								鹿島薮塚へ 20.1.27 (日時空欄)	276 4
43	鹿島各務原	飛行場建設		鹿島御岳より 20.6.7 20.8.30	365 9	374	243	65%	20.6.7～20.8.15 (70)	20.6.1～20.8.15 (67)	トロ押	10 (ナシ)		
44	鹿島薮塚	地下工場建設		鹿島御岳より 20.4.25 20.10.12	276 4	280	154	55%	20.4.25～20.8.16 (114)	20.4.30～20.8.16 (102)	(主に隧道内)トロ押(掘進はなし)	10 (2交替)		
45	鉄道建設興業信濃川 (西松)	発電所建設 発電所建設	1	下関より 19.6.28	94	182	182	182	19.6.28～20.1.25 (212)	19.7.2～19.12.25 (130)	土砂, 掘, 鑿, 運搬, 地均し	10 (2交替)	間御岳へ 20.1.25	92
				下関より 19.8.12	88									79
(46)	鉄道建設興業信濃川	発電所建設		下関より 19.8.12	188	182	182	182	19.8.12～19.12.30 (141)	19.8.17～19.12.20 (120)	土砂採集, 積卸, 地均し	8～10 (2交替)	間御岳へ 19.12.30	182
47	間御岳	発電所建設		神戸より 19.4.8	370	500	500	500	19.4.8～20.8.15 (496)	19.5.20～20.7.31 (439)	砂利採取, 運搬	9	地崎北海道へ 19.2.22	2
				鉄建(間)より 19.12.30	182								間瑞浪へ 20.4.15 20.5.5	169 161
				鉄建(西松)より 20.1.23	171								間戸壽へ 20.6.12	125
48	間戸壽	鉄鉱		間御岳より 20.6.13	125	121	121	121	20.6.13～20.8.15 (64)	20.6.13～20.8.14 (61)	土掘, 運搬, 伐開, 土均(鉱石土壌採取及開	9 (ナシ)		
49	間瑞浪	地下工場建設		間御岳より 20.4.15 20.5.5.	169 161	257	257	257	20.4.15～20.8.16 (124)	20.4.18～20.8.16 (121)	地下工事トロ押, 地均, 運搬	10 (2交替)		
(52)	飛島御岳	発電所建設	2	下関より 19.5.29	293	275	275	275	19.5.29～20.5.29 (367)	19.6.1～20.5.25 (345)	トロ押, 砂利採取, 運搬, (掘鑿なし)	10一部 (2交替)	地崎北海道へ (月日空欄)	3
													飛島川辺へ 20.5.29	273
53	飛島川辺	地下工場建設		飛島御岳より 20.5.29	270	265	265	265	20.5.29～20.8.15 (79)	20.6.1～20.8.15 (73)	トロ押, 材料運搬	10一部 (2交		
55	大成上松	発電所建設		下関より 19.7.25	299	228	228	228	19.7.25～20.8.22 (395)	19.8.1～20.8.22 (305)	掘鑿, 土砂運搬コンクリート作業	10 (2交替)		

番号	事業場名	死亡数	行方不明	到着前死亡	死亡数	負傷者数	罹病者数	不具癈疾者数	高死亡率事業場（全30）			不具癈疾多発事業場（全6）			帰還時現在数	紛争	不具, 死亡
									死亡総数	伝染性疾	一般死亡	人数	失明	視力			
(42)	鹿島御岳	5			47	118	885	40	47	23	22	40	14	26		（戦時中）生産妨害未遂（損害4万円）	不具第3位（40, 失明14）
		9															
		30		3													
43	鹿島各務原	3	5		3		3		高死亡率事業場等, 不具癈疾他発事業所 以外で不明						366	略奪暴行（損害16万円）	5名は逃亡
44	鹿島薮塚	50			50	24	331		高死亡率事業場以外で不明			20	20		230		
45	鉄道建設興業信濃川（西松）	2			12	2	34										
		9		1													
(46)	鉄道建設興業信濃川	6			6	24	28	1									
47	間御岳	74			92	151	368	1	84	42	42				125	（戦時中）華人相互殺害 華労1名 5名大隊長謀殺犯で入獄	移動済ではあるが帰還者数の記載がある。神戸より4名, 鉄建西松より1名秋田刑務所に入獄
		13													8		村誌王滝歴編2には、1944年御料林盗伐弁償
		5													41	終戦後不当要求（損害36万円）	
48	間戸寿	4			4	3	28	2							121	不当要求等（損害9万円）	
49	間瑞浪	39			39	9	61	1							291	略奪暴行不当要求（損害66万円）	
(52)	飛島御岳	20		2	23	108	493										
53	飛島川辺	4			4	21	28	2							266		
55	大成上松	23			23	34	63	28				28		28	276	不当要求等（損害17万円）	

参考文献

【県町村史】

上松町編纂委員会 編『上松町誌；3：歴史編』上松町　2006年

長野県 編『長野県史 通史編；9：近代3』社団法人長野県史刊行会　1990年

長野県 編『長野県史 通史編；別巻：年表 索引』社団法人長野県史刊行会　1992年

三岳村誌編さん委員会 編『三岳村村誌；下』三岳村誌編さん委員会　1988年

王滝村誌編纂委員会事務局・村誌編纂室 編『村誌王滝 歴史編；2』長野県木曽郡王滝村　2022年

【社史】

鹿島建設株式会社内創立七十年記念行事委員会 編『鹿島建設七十年小史：1880－1950』鹿島建設　1950年

熊谷組 編『熊谷組社史』熊谷組　1968年

日本社史全集刊行会 編『八十三年のあゆみ：ハザマビルヂング竣工を記念して』常盤書院　1977年

間組百年史編集委員会 編『間組百年史 1889－1945』間組　1989年

【一次資料】

何天義 主編『二戦擄日中国労工口述史；4：冤魂遍東瀛（日訳：第2次世界大戦における日本捕虜となった中国労働者の証言史；4：冤罪の精神で東方の海に渡る）』齊魯書社　2003年（中文）

何天義 編著『日軍侵華戦俘管総論（日訳：中国における日本人俘虜収容所に関する総論）』社会科学文献出版社　2013年（中文）

小島十兵衛「長野県強制労働調査連行ネットワーク冊子」　2021年（原稿）

里山辺朝鮮人・中国人強制労働調査団『訪中調査報告集 1995・8・17～24』里山辺朝鮮人・中国人強制労働調査団　1996年

里山辺朝鮮人・中国人強制労働調査団 編『団通信：26』1999年、『団通信：35』2001年、『団通信：53』2005年、『団通信：56』2007年

信濃毎日新聞『友好へのかけ橋に：1～10』信濃毎日新聞社　1973年2月1日～11日

昭和57年度社会科クラブ『王滝における中国人・朝鮮人の強制連行』王滝中学　1982年

中国人俘虜殉難者慰霊実行委員会・日中友好協会長野県連合会 編『長野県における中国人田中 宏、松沢哲成 編『中国人強制連行資料：「外務省報告書」全5分冊ほか』現代書館　1995年

『俘虜殉難の事情と慰霊実行の中間報告』中国人俘虜殉難者慰霊実行委員会・日中友好協会長野県連合会　1963年

「霊川の流れは永遠に」編集委員会『霊川の流れは永遠に：殉難中国人の魂にささぐ』木曽谷発電所建設殉難中国人慰霊碑建立実行委員会　1983年

【研究文献】

杉原 達『中国人強制連行』（岩波新書（新赤版）；785）岩波書店　2002年

竹内康人『調査・朝鮮人強制労働；3：発電工・軍事基地編』社会評論社　2014年

竹内康人 編『戦時朝鮮人強制労働調査資料集；増補改訂版：連行先一覧・全国地図・死亡者名簿』（公財）神戸学生青年センター出版部　2015年

朝鮮人強制連行真相調査団 編『強制連行された朝鮮人の証言』明石書店　1990年

朝鮮人強制連行真相調査団 編『朝鮮人強制連行調査の記録：中部・東海編』柏書房　1997年

朝鮮人強制連行真相調査団 編『朝鮮人強制連行調査の記録；関東編：1』柏書房　2002年

外村 大『朝鮮人強制連行』（岩波新書（新赤版）；1358）岩波書店　2012年

西成田 豊『中国人強制連行』東京大学出版会　2002年

野添憲治『花岡事件と中国人』三一書房　1997年

朴慶植 編『戦時強制連行・労務管理政策1』（朝鮮問題資料叢書）アジア問題研究所　1981年

朴慶植、山田昭次 監修、梁泰昊 編『朝鮮人強制連行論文集成』明石書店　1993年

山田昭次、古庄 正、樋口雄一『朝鮮人戦時労働動員』岩波書店　2005年

【参考文献】

青木　茂『華北の万人坑と中国人強制連行：日本の侵略加害の現場を訪ねる』花
　　伝社　2017 年

石田　俊『戦時体制から戦後社会の再編へ：人口動態・社会移動データからの
　　俯瞰』〈『総力戦・帝国崩壊・占領』(シリーズ戦争と社会：3 / 蘭信三（ほか 6
　　名編)〉岩波書店　2022 年

宇田川幸大『東京裁判研究：何が裁かれ、何が潰されたのか』岩波書店　2022
　　年

宇田川幸大『私たちと戦後責任：日本の歴史認識を問う』(岩波ブックレット；
　　1075) 岩波書店　2023 年

内海愛子『捕虜と捕虜収容所』(岩波講座東アジア近現代通史；6：アジア太平
　　洋戦争と「大東亜共栄圏」1935－1945 年) 岩波書店　2011 年

海野福寿『韓国併合』〈岩波新書 (新赤版)；388〉岩波書店　1995 年

ＮＨＫ取材班『幻の外務省報告書：中国人強制連行の記録』(ＮＨＫスペシャ
　　ル) 日本放送出版協会　1994 年

加藤聖文『海外引揚の研究：忘却された「大日本帝国」』岩波書店　2020 年

川島　真（ほか 25 名)『新選歴史総合』東京書籍　2022 年

韓国聯合ニュース / 2022 年 6 月 20 日 21：10 送信

強制連行中国人殉難労働者慰霊碑資料集編集委員会『強制連行中国人殉難労働
　　者慰霊碑資料集』日本僑報社　2016 年

久保文明：中村尚史（ほか 12 名)『現代の歴史総合：みる・読みとく・考える』
　　山川出版社　2022 年

木曽町　御嶽山ビジターセンター　さとテラス三岳　名古屋大学御嶽山火山研究
　　施設『木曽町三岳露頭剥ぎ取り標本』

シドル , リチャード 著、ウィンチェスター , マーク 訳『アイヌ通史：「蝦夷」か
　　ら先住民族へ』岩波書店　2021 年

鈴木賢士『中国人強制連行の生き証人たち』高文研　2003 年

高堂眞一『アジアから見た日本の侵略 ；明治維新から東南アジア占領まで』ミ
　　ヤオビパブリッシング　2020 年

竹下欣宏 編著『長野県の火山入門 ；Introduction to Volcanoes in Nagano』し
　　なのき書房　2022 年

竹内康人『佐渡鉱山と朝鮮人労働』（岩波ブックレット：1069）岩波書店　2022年

中央職業紹介事務局『職業紹介法關係法規』中央職業紹介事務局　1931年

中国人強制連行事件資料編纂委員会『草の墓標：中国人強制連行事件の記録』新日本出版社　1964年

趙景達 編著『植民地朝鮮：その現実と解放への道』東京堂出版　2011年

戸塚悦郎『「徴用工問題」とは何か？：韓国大法院判決が問うもの』明石書店　2019年

豊下楢彦『昭和天皇の戦後日本：〈憲法・安保体制〉にいたる道』岩波書店　2015年

永原陽子 編『「植民地責任」論：脱植民地化の比較史』東京外国語大学アジア・アフリカ言語文化研究所　2009年

二井義雄『木曽森林鉄道を行く』（鉄道模型趣味：254）機芸出版社　1969年8月号518～523頁

日本植民地研究会 編『日本植民地研究の論点』岩波書店　2018年

波多野澄雄『「徴用工」問題とは何か：朝鮮人労務動員の実態と日韓対立』（中公新書：2624）中央公論新社　2020年

原 彬久『岸信介：権勢の政治家』（岩波新書（新赤版）：368）岩波書店　1995年

水野直樹『創氏改名：日本の朝鮮支配の中で』（岩波新書（新赤版）：1118）岩波書店　2008年

吉見義明『草の根のファシズム』（岩波現代文庫［学術］；G 452）岩波書店　2022年

和田春樹『韓国併合110年後の真実：条約による併合という欺瞞』（岩波ブックレット：1018）』岩波書店　2019年

〔著者紹介〕

高堂 眞一（たかどうしんいち）

1951年、京都府京都市生まれ。京都府立鴨沂高等学校を経て1973年、立命館大学文学部史学科西洋史学卒業。同年同大学院史学研究科修士課程に進学。1976年に大学院修了。文学修士。

1982年、チェコスロヴァキア国立カレル大学（在プラハ）で語学研修。

2008年以降、東アジア、東南アジアに40回以上1人旅を行い、現地での日本の侵略遺跡調査や、歴史的遺跡に関する調査を実施。

2020年、中原科技学院（在中国河南省鄭州市）で日本語教師。

著書：『アジアから見た日本の侵略—明治維新から東南アジア占領まで』（ミヤオビパブリッシング　2020年）

中国人・朝鮮人強制連行
木曽谷発電工事の真相

2023年12月8日　第1刷発行

著　者	高堂眞一	
発行者	宮下玄覇	
発行所	**MP** ミヤオビパブリッシング	

　　　　〒160-0008
　　　　東京都新宿区四谷三栄町11-4
　　　　電話(03)3355-5555

発売元　株式会社宮帯出版社

　　　　〒602-8157
　　　　京都市上京区小山町908-27
　　　　電話(075)366-6600
　　　　http://www.miyaobi.com/publishing/
　　　　振替口座 00960-7-279886

印刷所　モリモト印刷株式会社